QUIERO HIJOS SANOS

Por Martha Reyes, Psy.D

Doctora en Psicología Clínica

www.marthareyes.com

www.hosannafoundation.com

Derechos de Martha Reyes.
Copyright: 2019

DEDICO ESTA OBRA A MI FAMILIA:

MI MAMÁ AMELIA Y A HÉCTOR, EDGAR, TERE, ROSIE,

AIDITA, EVA, PEDRO, JIM

DAVID, SABRINA, FRANCES

EDGAR JR., NATHAN, BABY MALACHI, AREOLE

CHRISTOPHER LEE, BELEN

GISELLE, DAISY

ANDY, EMILY, JOHN

Y A TODAS LAS FAMILIAS EN BUSCA DE UNA VIDA MEJOR

BENDICIONES SIEMPRE,

Martha Reyes

INDICE

INTRODUCCIÓN *PÁGINA 1*

CAPÍTULO 1 EL DON DE DAR VIDA *PÁGINA 7*

CAPÍTULO 2 LA CONVIVENCIA FAMILIAR *PÁGINA 17*

CAPÍTULO 3 HOGARES DISFUNCIONALES *PÁGINA 35*

CAPÍTULO 4 ¿CONOCES BIEN A TUS HIJOS?

PÁGINA 54

IDEOLOGÍA DE GÉNERO *PÁGINA 66*

CAPÍTULO 5 LA INFANCIA Y LA NIÑEZ: LAS ETAPAS MÁS IMPORTANTES *PÁGINA 77*

CAPÍTULO 6 ¿QUÉ HAGO CON MI ADOLESCENTE?

PÁGINA 97

CAPÍTULO 7 HIJOS INGOBERNABLES *PÁGINA 115*

CAPÍTULO 8 PROTEGIENDO Y LIBERANDO A LOS HIJOS DE LAS ADICCIONES *PÁGINA 125*

CAPÍTULO 9 LAS REDES SOCIALES Y EL MUNDO DIGITAL *PÁGINA 152*

CAPÍTULO 10 CRIANZA EFICAZ *PÁGINA 162*

CAPÍTULO 11 LAS ENSEÑANZAS MÁS VALIOSAS

PÁGINA 178

CAPÍTULO 12 Y CONCLUSIÓN

ENSEÑARLE A LOS HIJOS LA FE

PÁGINA 187

ORACIONES

ORACIÓN POR LAS FAMILIAS *PÁGINA 200*

ORACIÓN DE LIBERACIÓN DE ATADURAS, VICIOS Y AFLICCIONES *PÁGINA 203*

ORACIÓN DE SANACIÓN DE LA TRISTEZA, AMARGURA, Y HERIDAS DEL PASADO

PÁGINA 206

INTRODUCCIÓN

Proverbios 22, 6

Muéstrale al niño el camino que debe seguir, y se mantendrá en él aún en la vejez.

Fotografía por Jordan Witt

La tarea más compleja y demandante jamás requerida a los seres humanos es la crianza de hijos psicológicamente sanos. Nuestra avanzada psicología humana nos distingue del resto de la naturaleza animal quienes son únicamente responsables de parir, enseñarles a las crías técnicas de supervivencia física para entregarlos a los montes y a la vida con la esperanza de que se valdrán por sí mismos para sobrevivir. En ellos observamos, durante esa breve etapa de crianza personal y aprendizaje directo, que es la madre, sobre todo, quien los capacita para después lanzarles a la independencia con un desprendimiento impresionante y hasta raro.

Los seres humanos somos muy diferentes. Estamos invertidos de por vida en un arduo y prolongado proceso de interacción, capacitación, corrección, supervisión, y casi constante entrometimiento en la vida de los hijos. Antropológica y psíquicamente, los sentimos como una extensión de nosotros mismos, y proyectamos en ellos nuestra identidad, idiosincrasia, nuestras ilusiones, nuestra capacidad, propósito y relevancia. Y al final de la vida, no queremos hablar de despedidas sino de reencuentros eternos, pues nunca los soltamos de las manos invisibles del corazón. ¿Por qué? Porque nuestros sentidos se adueñan de nuestros sentimientos, porque nuestra vida se valida en ellos, y porque con los años de madurez vamos entendiendo que los hijos son el sentido humano y la razón suprema de nuestros años aquí en la tierra. Al final de la vida, cuando evaluamos nuestras historias, usualmente ese inventario de logros, remordimientos o fracasos se resumirá describiendo en qué condiciones los dejaremos a ellos. Ellos son nuestra más constante fuente de fortaleza, como también, nuestra mayor vulnerabilidad. Ellos son las *monedas prestadas de la parábola del evangelio* (Mateo 24,14-30); esos tesoros suministrados y fiados por el verdadero dueño, por un tiempo asignado, con el propósito de probar la capacidad administrativa y productiva de los endeudados. El dueño de las monedas regresará a pedir cuentas de sus tesoros confiados, y, ¿qué cuentas le vamos a rendir?

Lamentablemente, la paternidad, en tiempos contemporáneos se ha limitado a ser la del *proveedor* de seguridades físicas, y la maternidad ha evolucionado sociológicamente hacia afanes y tareas multidimensionales y reciclables, que a veces resultan temporeras, monótonas, insípidas y agobiantes. El misticismo novelesco que nos pintaron y vendieron de imagen iconográfica y poética de familias bellas y felices, para muchas personas, es un espejismo cada vez menos accesible. Los matrimonios de los cuentos de príncipes y princesas y del *colorín colorado* a veces se convierten en guerras campales donde los hijos terminan marcados y traumados como daño colateral y, a veces permanentemente. Los idílicos bebés de las fotografías primorosas, en ocasiones evolucionan en niños o adolescentes distantes, irrespetuosos, ingratos e ingobernables. Como resultado, nos encontramos con padres y madres de familia frustrados, cansados, confundidos, fracasados, sufridos y algunos, hasta desesperados por no tener a la mano soluciones concretas ante los problemas y dificultades a las que a diario se enfrentan en la crianza de sus hijos. Aún así, a pesar de lo arduo y desconcertante que resulta ser esta tarea de vida, *no renunciamos* ni renunciaremos. Nuestro ADN fisiológico y psicológico dictamina en nuestro interior nuestro compromiso y contrato irrevocable.

El tema de la crianza de los hijos es un tema extenso e inagotable. Hay infinidad de preguntas y problemas que quizás necesitarán una atención más personal. Este libro tratará de responder a las experiencias más generalizadas pero muy actuales, resumiendo y presentando las teorías más pragmáticas y relevantes, utilizando lenguajes menos académicos y más humanos, e intentando acercar la realidad de la vida y cultura presente a la fe de todos los tiempos. Decir que quiero hijos sanos es sinónimo de querer hijos motivados, valientes, morales, comprometidos, emprendedores, alegres, pacíficos, cariñosos, compasivos, creyentes. Los hijos sanos serán esos seres que se convertirán en agentes sanadores de otros, benefactores que darán de la abundancia de sus corazones. Para tener estos hijos sanos tenemos que ser padres y madres entregados a asumir el compromiso más importante de la vida de un ser humano: dedicarnos a ellos total e incondicionalmente, concientizándonos de la seriedad de esta entrega, creciendo con ellos, conociendo juntos el mundo de afuera y el de adentro, construyendo hogares con bases sólidas y legados con principios irrefutables. Cuando lanzamos al mundo hijos sanos, se salvan comunidades, sociedades y sobrevive la humanidad. Todo comienza, crece y fermenta en el microcosmo de la familia nuclear.

Por enorme que sea el sacrificio, será muy bien recompensado.

Martha Reyes, Psy.D

FOTOGRAFÍA POR BLAKE BARDOW

Capítulo 1
EL DON DE DAR VIDA

"Tú has tejido mis entrañas, me has tejido en el seno materno"
(Salmo, 139, 13).

Fotografía por L. Bruce

Recientemente, en noviembre del 2018, científicos de la Universidad de Rockefeller en New York y la Universidad de Basel en Suiza publicaron un estudio en la revista científica Human Evolution (Evolución Humana) el cual anuncia que toda la humanidad descendió de un mismo padre y madre quienes vivieron de 100,000 a 200,000 años atrás.

Los investigadores llegaron a esta conclusión después de examinar el ADN de cinco millones de personas y de animales. Para quienes creemos en la Palabra de Dios, la Biblia, ya lo sabíamos.

El mundo material y la naturaleza vegetal existen, pero no engendran ni crían como la naturaleza humana y animal. Dios decide compartir Sus dones cocreadores dándole al varón la capacidad de fecundar a la hembra, y a ella, la facultad de engendrar hijos. Ambos se convierten en *dadores de vida*. En este plan tan magistralmente diseñado por el creador, analizamos que al ser humano poder engendrar y criar a sus hijos, (en vez de encontrarlos debajo de las piedras o colgados de los árboles), lo dimensiona y lo transforma. Su historia personal nunca se vivirá independientemente de las historias de otros; está ligado a ellos antropológica y fisiológicamente con lazos inquebrantables. Ya no será un animal territorial quien busca poseer todo para sí, sino que pensará y sentirá como padre y madre que cobija y provee por los suyos, aún con grandes sacrificios. En este contexto aprende a compartir los bienes en vez de solo competir por los recursos.

Hay tres enormes fuerzas que unen a los seres humanos: un linaje en común, un proyecto en común, y un enemigo en común. La familia está enmarcada en estas tres realidades concretas. Este es el diagrama perfecto para ubicar a cada ser humano en una tribu, en un grupo o comunidad. La sociedad y la humanidad son extensiones del núcleo familiar. Podemos llegar a sensibilizarnos por otros, aún si son desconocidos, mientras proyectemos en ellos sentimientos fraternales. Estamos creados para vivir comunitariamente y para siempre cuidar de *nuestros hermanos* (Génesis 4,9: Caín pregunta: *¿Acaso soy yo el guardián de mi hermano?)* ¿Si el ser humano dejase de desear y amar a sus hijos, qué otra razón tendría para cuidar del resto de la humanidad?

La cultura de la muerte, y sus múltiples tentáculos, deshonra la vida humana y la convierte en un tema ideológico y en una inconveniencia desechable. Como creyentes honramos la vida en todas sus etapas y realidades: desde la primera célula hasta el último suspiro, al más débil como al más fuerte: le amamos, cuidamos, respetamos, protegemos y luchamos por salvar a toda criatura y a todo anciano, a todo hijo de Dios, porque, contrarios a Caín, Sí, *somos los guardianes de nuestros hermanos.*

EL REGALO DE LOS HIJOS

Salmos 127, 3-5

"Los hijos que tenemos son un regalo de Dios. Los hijos que nos nacen son nuestra recompensa. Los hijos que nos nacen cuando aún somos jóvenes, hacen que nos sintamos seguros, como guerreros bien armados. Quien tiene muchos hijos, bien puede decir que Dios lo ha bendecido. No tendrá de qué avergonzarse cuando se defienda en público delante de sus enemigos."

Los estudios revelan que la mayoría de las mujeres solo quieren tener dos hijos, y las estadísticas revelan que el 45% de los embarazos son *no deseados* o *no intencionados*. La mitad de estos embarazos no deseados terminarán en abortos. De acuerdo con la Organización Mundial de la Salud (WHO) cada año se efectúan de 40 a 50 millones de abortos en el mundo. Estas cifras son especialmente altas en la población de madres solteras y de jovencitas de 15 a 19 años de edad. Hay factores muy influyentes como lo son el nivel de educación y situación económica, condiciones emocionales, espiritualidad o religiosidad, como también el grado de apoyo social que la mujer reciba, sobre todo por la calidad de sus relaciones familiares. En Estados Unidos, las jóvenes hispanas exhiben la incidencia más elevada de embarazos no esperados en comparación a todos los demás grupos étnicos o raciales (hasta el 75% de embarazos de adolescentes en US son de jovencitas hispanas).

El primer hogar de cada hijo es el vientre de la madre. Para tener hijos sanos debemos de comenzar con asegurarnos que las madres estén física y emocionalmente sanas para que sus cuerpos y sus hogares se conviertan en incubadoras de ambientes plácidos y emociones nutritivas. Los estudios indican que una mujer embarazada que vive ansiedades, miedos, tensiones o violencia, tendrá un 230% más posibilidades de que su criatura nazca con defectos físicos o con problemas psiquiátricos. Experiencias fuertes como el duelo, la violencia, el abuso de drogas o alcohol, impactarán el desarrollo neuronal de la criatura. Los bebés de madres muy estresadas pueden tener muchas más probabilidades de nacer prematuramente, de padecer de alergias, asma y de tener tendencias depresivas, bipolarismo, desórdenes de conducta, y déficit de atención, entre otras condiciones. Lo que ocurre en la vida exterior de la madre, puede afectar significativamente a su criatura ya que el desarrollo fetal del sistema nervioso (*morfogénesis*) se realiza a partir de las primeras tres semanas después de la fecundación, constituyéndose en uno de los primeros sistemas en desarrollarse en el cuerpo de un ser humano. A las cinco semanas, ya se detecta actividad eléctrica-cerebral. Esto implica que, desde sus primeras semanas en el vientre, la criatura es capaz de sentir sensaciones, y a las siete semanas, ya puede sentir dolor.

La madre estresada producirá altos niveles de adrenalina y cortisol, substancias neuro-químicas que se producen ante circunstancias de miedo o peligro, pero que, en exceso, resultarán ser muy tóxicas para su cuerpo, y cuando estos químicos se traspasan al útero, interfieren con el desarrollo normal del cerebro de la criatura haciéndolo más vulnerable a problemas emocionales y psicológicos posteriores en su infancia, adolescencia o vida adulta. La esquizofrenia, que en algunos casos es una condición hereditaria, está también relacionada a altos grados de ansiedad sufridas por la madre en el primer trimestre de embarazo.

El conocido psiquiatra Dr. Thomas Verny, autor de varios libros sobre este tema, aseguró que, desde el primer trimestre, la criatura ya puede sentir y reaccionar a los estados de ánimo de la madre, y todo lo que ocurre durante el período de gestación colabora con la formación de la personalidad y la capacidad cognitiva del bebé. Las emociones negativas pueden tener efecto nocivo, y las positivas actúan como inyecciones de vitaminas y efusiones saludables.

Por más inesperado que haya sido el embarazo, por más complicada que sea la realidad existencial de la madre, acompañada o no del padre de la criatura, desde el momento en que ella sepa que está embarazada debe de empezar a inhalar y exhalar tranquilidad, sosiego, expectativa, ilusión, y gratitud. La criatura debe ser protegida por una capa impermeable que no permita transmitirle las ansiedades típicas del embarazo, especialmente si se viven situaciones adversas. Los bebés recibidos con sentido de rechazo, cobardía, apatía o indiferencia desarrollarán estados de crisis existencial y en algunos casos, en años posteriores pueden resultar en tendencias suicidas. El menosprecio sentido en el vientre de la madre es un tatuaje emocional permanente en la psiquis de la criatura que alimentará amplios sentidos de rechazo generalizados, complejos de inferioridad, iras enraizadas, victimización, temperamentos desafiantes, tendencias a la depresión, a la adicción, a la violencia, patrones de conducta arriesgadas y comportamientos autodestructivos.

El primer mensaje que deben de recibir los bebés en el vientre de la madre es el mensaje de aceptación, de alegría, de espera festiva; por eso, *no más bebés no deseados*. Las criaturas recibidas con ilusión y aceptación crecerán con mejor autoestima y con coeficientes de inteligencia más altos, entre otros beneficios. Tenemos que celebrar la vida, y atesorar a los hijos como el mejor regalo de Dios y de la naturaleza. Sus pequeños cerebros son más frágiles que las más exquisitas figuritas de porcelana fina. Para los padres primerizos que inician esta tarea, antes de planear como decorar la habitación del bebé que se aproxima, hagan un plan de vida para bautizar sus casas de paz, de alegría, de respeto y de ilusión. El oxígeno en ese hogar debe estar saturado de moléculas de amor. No hay regalos, herencias, terapias que sustituyan el poderoso efecto medicinal de un vientre y de unos brazos de una madre ilusionada y agradecida por convertirse en dadora de vida. Esa criatura ya vendrá con un sistema nervioso regulado y calibrado para aventajar los retos posteriores que seguramente vivirá.

A los padres que piensan que cometieron errores en el trato afectivo hacia sus hijos durante la niñez o adolescencia, es hora de entablar diálogos de perdón y reconciliación y *taladrar* en el corazón de sus hijos un nuevo mensaje que invalidará los errores del pasado: confirmarles que los quieren, que son hijos amados, los tesoros de sus vidas, y le dan gracias a Dios y a la vida por el privilegio de ser sus padres. Podemos ver cumplida esta profecía,

Malaquías 4:6
El hará volver el corazón de los padres hacia los hijos, y el corazón de los hijos hacia los padres.

Fotografía por Jonathan Borba

CAPITULO 2
La Convivencia Familiar

Fotografía por John Mark Smith

Eclesiástico 26, 1-4.

Feliz el marido de una buena mujer: el número de sus días se duplicará. Una mujer valiente es la alegría de su marido, éste vivirá en paz todos los días de su vida. Una buena esposa es como el premio mayor de la lotería, le tocará en suerte al que teme al Señor. Rico o pobre tendrá contento el corazón; en todo momento se verá la felicidad en su rostro.

El hogar es el "segundo vientre" donde los hijos crecen y se forman al ser nutridos diariamente por los cuidadores primarios, dónde el núcleo familiar se constituye en el grupo social más importante en sus vidas. La convivencia *sana* entre los padres y hermanos, y a veces, abuelos u otros parientes que viven en la misma casa, se convertirá en combustible emocional que dimensionará a los miembros de esa familia a proyectarse al éxito, a la estabilidad psicológica, a la seguridad, al aprendizaje, y al bienestar común. Cuando la convivencia familiar es positiva y sana, se impacta beneficiosamente la autoestima, la inteligencia emocional y académica, la creatividad, y el optimismo hacia la vida. A la vez será más posible la disciplina en la crianza, la colaboración, la empatía, la reciprocidad, y la socialización con el mundo exterior. Es en un hogar sano donde los hijos se sienten seguros y plenos, comprendidos y aceptados, relevantes y empoderados. A pesar de los conflictos, la familia sana construye una red de seguridades y coraza de protección que permitirá el encontrar soluciones válidas a los retos normales de la vida. Un hogar sano se convertirá en *la universidad de la vida* dónde los hijos aprenderán sobre todo con el ejemplo, los valores más importantes y dónde se crearán las memorias más impactantes en el arsenal de recuerdos del corazón. Los hijos recordaran, no los buenos regalos que se les hizo, sino más bien los preciados momentos que pasaron juntos.

En cambio, un hogar en conflicto es un lugar incómodo en donde vivir. Es un fermento de problemas, de irritabilidad, ansiedad, tristeza, decepción y desconfianza. Son estos hogares los que más producen infidelidades, sentido de irrelevancia, violencia física y psicológica, aislamiento, hijos que se quieren ir de la casa a temprana edad, y hasta más incidencias de vicios y de enfermedades físicas y psicológicas. ¿Está tu casa contaminada con estos gérmenes sociales que nos desequilibran y enferman? Entonces, es hora de hacer de estas citas bíblicas las reglas del hogar:

Efesios 4, 29-32

Que no salga de sus bocas ni una palabra mala, sino la palabra que hacía falta y que deja algo a los oyentes. No entristezcan al Espíritu santo de Dios; éste es el sello con el que ustedes fueron marcados y por el que serán reconocidos en el día de la salvación. Arranquen de raíz de entre ustedes disgustos, arrebatos, enojos, gritos, ofensas y toda clase de maldad. Más bien sean buenos y comprensivos unos con otros, perdonándose mutuamente, como Dios los perdonó en Cristo.

1 Corintios 1,4-8

El amor es paciente y muestra comprensión. El amor no tiene celos, no aparenta ni se infla. No actúa con bajeza ni busca su propio interés, no se deja llevar por la ira y olvida lo malo. No se alegra de lo injusto, sino que se goza en la verdad. Perdura a pesar de todo, lo cree todo, lo espera todo y lo soporta todo. El amor nunca pasará.

¿Estamos conviviendo o simplemente COMPARTIENDO ESPACIOS?

Los padres son los *profesores de esta universidad de la vida*, y tienen que convertir puntual y efectivamente cada vivencia en momentos de valiosas enseñanzas. Para lograrlo, hay que estar alertas, conectados y comprometidos con sincera lealtad. Más que el castigar debe de interesarles el *enseñar*, y más que *imponer*, el preocuparse más por *explicar* la lógica y el beneficio de obedecer y de cumplir las reglas establecidas.

La familia es la convivencia de seres enmarcados y entrelazados en una relación que se renueva con las experiencias de la vida: renovadas etapas, renovados intereses, renovados proyectos y propósitos, y renovados compromisos. Es una alianza entre *iguales* donde la opinión y necesidad de cada uno es igual de importante. Al reconocernos así, nos potenciamos mutuamente y nos ayudamos a crecer, aprender y evolucionar hasta convertirnos en personas mejoradas y caracteres perfeccionados. En el hogar cada cual responde con el mismo sentido de responsabilidad compartida y nadie es exonerado de sus compromisos. No nos convertimos en facilitadores de problemas, defectos ni vicios, sino en canales de gracia y fortaleza para dimensionar a otros a activar todas sus posibilidades. No usurpamos ni competimos: compartimos el mismo nivel de oxígeno de tranquilidad, felicidad, seguridad y estabilidad.

La familia es *la pasarela de la vida* donde se modelan las conductas óptimas; es el *laboratorio de la vida* donde los niños experimentan lo que funciona y lo que no funciona, con lo que se van a salir con las suyas, y con lo que van a emitir u omitir en sus lenguajes y manuales de comportamiento. Los padres tienen que asegurarse que estos experimentos y ensayos produzcan las mejores enseñanzas y resultados.

Para convivir sanamente tenemos que convertir todo silencio en diálogo, todo maltrato en respeto, todo desánimo en amor renovado, toda pérdida en ganancia, toda indiferencia en interés, todo aislamiento en convivencia, y todo recuerdo doloroso en memoria perdonada. Debemos estar siempre atentos para transformar todo menosprecio en valorización, toda crítica destructiva o sarcasmo en alago, apatía en apoyo, incomprensión en diálogo oportuno y reconciliador, humillación en respeto, y descuido en interés constante e incondicional. Las reglas en la casa son parejas y ecuánimes; los sacrificios y beneficios son recíprocos. No hay excepción ni sustituto. Solo así, estos arduos sacrificios diarios se convertirán en frutos y recompensas de por vida. Cuanto más se pongan en práctica estas virtudes, los sacrificios se sentirán más livianos.

Para desarrollar estas relaciones sanas, todos deben de cumplir con estas siete reglas: reconocerse, valorarse, escucharse, celebrarse, considerarse, respetarse y perdonarse. Cada nacimiento, cumpleaños, graduación, logro, medalla, nombramiento, ascenso, es motivo de celebración. Y cada enfermedad, prueba, exámen, entrevista de trabajo, y relevante necesidad, debe de inspirar solidaridad, apoyo, pausa, oración y acción. Cuando uno de los miembros se debilita, la tribu se moviliza para encontrar solución, como si todos formaran parte de una unidad íntegra e inquebrantable.

La vinculación afectiva es clave para asegurar que nuestras relaciones humanas venzan los retos y problemas típicos entre los seres humanos. En la familia tomamos esto por hecho, ya que, si somos de la misma sangre, pensamos que eso implica que automáticamente nos vamos a querer y respetar. El amor prevalece y florece si hay admiración, respeto, colaboración, reciprocidad, propósito y trascendencia. El cariño entre los miembros de una familia no está exento de herirse y debilitarse. Cada integrante de la relación tiene que poner de su parte, mejorar en su forma de ser, en su trato hacia otros, en perfeccionar su esencia y su comportamiento, y en atraer a otros hacia sí con lazos de amor. Especialistas en psicología familiar recomiendan el dedicarse tiempo, atención, interés, y dar muestras claras de sentimientos sinceros hacia cada miembro de la familia. Se asigna a veces un ejercicio muy eficaz de hacer una "cita privada" con cada hijo de por lo menos una hora semanal para conversar, sincerarse, mirarse a los ojos, y hablar de temas agradables menos de críticas y regaños. Para las amonestaciones habrá tiempo de sobra, pero en esta cita, la tarea es encariñarse.

La convivencia familiar debe de contar siempre con reuniones amenas cuando los padres, hijos y otros seres queridos se sientan a la mesa a contar historias agradables, a "abrir el álbum de recuerdos" y contarles a los hijos las historias pasadas, las raíces y tradiciones, integrando generaciones transmitiendo tradiciones que les caracterizan e identifican. Las vivencias deben de ser *fotografías emocionales* que no se deben desteñir. Que los hijos recuerden cuando dieron sus primeros pasos, sus primeros cumpleaños, cuando eran cargados al quedarse dormidos o al sentirse cansados, sus primeros juguetes favoritos, y los cuentos del abuelo cuando todavía vivía y disfrutaba de su familia extendida. Todos estos recuerdos deben de ser tatuados en la memoria de los hijos, y los padres son los custodios de estos tesoros que tienen que transmitirse y nunca dejar que sean olvidados. Es así como hacemos la transición de una generación a la otra sin romper el vínculo sino entrelazándonos en el tejido de nuestro árbol familiar.

La convivencia familiar debe regirse por gestos y lenguajes de unidad, cariño, apoyo, generosidad, respeto, solidaridad: valores que constituyen la espina dorsal de una familia y los cimientos firmes de un hogar.

Familias Integradas versus Familias Desintegradas

El ser humano es una de las pocas criaturas en la naturaleza que necesita del padre y la madre participando activamente en su crecimiento para consolidar en los hijos identidades y personalidades saludables. (La gran mayoría de las criaturas de otras especies solo crecerán con la madre.) Las investigaciones en el campo de la neuro-biología han revelado que, aunque la madre ofrece la participación principal en el cuidado del bebé humano, una parte del cerebro de la criatura se conectará y organizará solo con la participación del padre en la crianza y cuidado del infante. Estas áreas son, por ejemplo, capacidad verbal, habilidad motora, conceptualización, coeficiente de inteligencia, socialización y regulación emocional. Mientras más envueltos estén los padres varones en el desarrollo de sus bebés, más exitosamente se desarrollarán los hijos en estas áreas de capacitación.

La paternidad correcta y acertada es aquella que muestra un alto nivel de responsabilidad, y no necesariamente dominio. Muchos hijos se quejan de la dureza de muchos papás. Las idiosincrasias del machismo, la prepotencia masculina, la mano fuerte del padre autoritario, a veces opacan a ese hombre varonil y maternal que tanto admiran las mujeres y quien el mismo Jesucristo demostró ser en la escena del evangelio con los niños. Los hijos necesitan un padre emocionalmente *presente*, de sentimientos obvios, pendiente a sus hijos sin pestañear, y convirtiéndose en *muro de contención* entre lo que se quiere filtrar por las puertas de su casa para atentar contra la estabilidad moral y santidad de su hogar. El papel de un padre presente no es solamente el de proveer comida, abrigo y techo: los hijos necesitan un eficaz y fuerte protector del posible daño que los amigos callejeros y los depredadores humanos puedan ocasionarle a los suyos.

Padres Ausentes

Los sociólogos han hecho numerosos estudios sobre el impacto de la *ausencia* del padre en el desarrollo de los hijos.

- *Los niños que no se crían con sus padres tendrán cuatro veces más posibilidades de vivir en la pobreza y de pasar hambre y necesidad.*

- *El 70% de los jóvenes en Centros de Detención Juvenil son hijos que se criaron sin padre.*

- *La mayoría de las madres solteras son hijas de otras madres solteras y vivieron una infancia o adolescencia sin la participación de sus padres.*

- *En hogares donde el padre está ausente, habrá <u>más</u> incidencia de incesto, propensión a la violencia, al alcohol, a las drogas, y afiliación a pandillas y actividad criminal.*

En comparación a hijos de familias íntegras, los hijos de padres divorciados suelen sufrir de depresión, ansiedad, complejos, ansiedad social, sentido de abandono, problemas de deficiencia académica, problemas de salud física y problemas de comportamiento. Algunos se sienten culpables de la separación de sus padres, y exhiben más ira, irritabilidad, desconfianza, y violencia. La constante discordia o angustia exhibida por los adultos también produce notables cambios en los estados emocionales de los hijos. Muchas veces los niños tienen que adaptarse a convivir con la nueva familia de uno o ambos padres divorciados. Sentirse forzado o presionado a compartir con personas extrañas los hacen sentir desubicados e incomprendidos. Una separación o divorcio también implica un reajuste económico y social, cambio de vivienda, menos convivencias, recursos más limitados, y menos disponibilidad de supervisión parental pues usualmente la madre ahora tiene que trabajar más y dispondrá de menos tiempo para sus hijos.

Después de una separación o divorcio conflictivo, hemos observado estos acontecimientos y estadísticas impactando a los *hijos*:

>1-El 25% no terminará la escuela (contra 10 por ciento de los demás hijos).
>2- El 60% necesitará de terapia psicológica.
>3- El 50% tendrá problemas de alcohol y drogas antes de los 15 años.
>4- El 65 % desarrollarán una relación conflictiva con el padre, a quien culpan por la ruptura del hogar.
>5- El 70% desarrollará una actitud negativa hacia el matrimonio en general.
>6- Si se casan, el 50% se divorciará.

Si el divorcio o separación fue inevitable, es sumamente importante evitar que el pesimismo, el conflicto, la tristeza y la carencia rijan los estados de ánimo en el hogar. La madre o el cuidador responsable de la custodia de los hijos tendrá que compensar por todas las carencias afectivas y emocionales que dejó la persona ausente. Hay que integrar a los hijos a *sistemas familiares*: parientes, abuelos, tíos, primos, familias de buenos amigos, grupos sociales o de iglesia, y a otros adultos que sirvan de modelos parentales y que llenen los vacíos y las ausencias. Deben de hacerse grandes esfuerzos para minimizar la soledad y el sentido de abandono que tanto sienten todas las personas afectadas por las rupturas familiares. Las madres solteras o los padres que batallan solos en la crianza de sus hijos hacen frente a todos estos retos con mucho valor.

Lenguajes de violencia o lenguajes de paz

Para una convivencia familiar sana y fructífera, las reglas en el trato interpersonal deben de ser claras e irrevocables, y ser enseñadas y administradas equitativa y consistentemente en todos los miembros de la familia. Prohibidos los *lenguajes de violencia*. Estos son: las palabras o gestos que humillan y estresan, provocan, perturban, se burlan, rechazan, difaman, acomplejan, menosprecian y anulan. También deben de estar prohibidos los aislamientos, encerramientos y silencios inoportunos. Todo esto es violencia psicológica la cual hace igual de daño que la violencia física, y que nunca debe de permitirse en el hogar.

En cambio, los *lenguajes de paz* son aquellas sinceras y sentidas *palabras y acciones* que ayudan a solidificar o sanar relaciones, a corregir malas interpretaciones, y pactar tratados que hermanan y reconcilian. Algunos ejemplos de lenguajes de paz:

- abrazos y gestos de acercamiento que acortan distancias, interrumpen silencios y sacan de los aislamientos,
- poner atención y conectarse emocionalmente para tratar de comprender y llegar a nuevas negociaciones y acuerdos,
- estar dispuestos a siempre apoyar y colaborar, mostrando una sincera empatía hacia las otras personas en sus necesidades,

- halagar, reconocer, celebrar, admirar y valorar con palabras y gestos los méritos de otros,

- estar dispuestos a entablar diálogos de reconciliación y perdón de ofensas pasadas renunciando a la ira y a la venganza,

- mostrar siempre un amplio sentido de agradecimiento hacia los demás, por los favores grandes y por los gestos sencillos y pequeños que no pasaron por desapercibidos.

Efesios 4,29-32

No salga de sus bocas ni una palabra mala, sino la palabra que hacía falta y que deja algo a los oyentes. No entristezcan al Espíritu santo de Dios; éste es el sello con el que ustedes fueron marcados y por el que serán reconocidos en el día de la salvación. Arranquen de raíz de entre ustedes disgustos, arrebatos, enojos, gritos, ofensas y toda clase de maldad. Más bien sean buenos y comprensivos unos con otros, perdonándose mutuamente, como Dios los perdonó en Cristo.

Colosenses 3, 12-15

Vístanse de entrañable misericordia, de benignidad, de humildad, de mansedumbre, de paciencia, soportándonos los unos a los otros, y perdonándonos unos a otros de la manera que Cristo nos perdonó. Y sobre todo vístanse de amor que es el vínculo perfecto y la paz de Dios llenará sus corazones.

Capítulo 3
FAMILIAS DISFUNCIONALES

Proverbios 19, 18

Corrige a tu hijo mientras haya esperanza, sino tú serás el responsable de su muerte.

Fotografía por Trym Nilsen

La vida trae multiplicidad de retos y de crisis, y es usualmente en el hogar donde todos buscamos refugio, apoyo y protección. Cuando los hijos crecen en esos oasis de tranquilidad, se potencian las posibilidades para un óptimo desarrollo personal, psicológico, profesional y social. Sin embargo, el crecer en un hogar colmado de conflictos marca sus personalidades con heridas y traumas de dolor que serán influyentes en confeccionar sus vidas hacia el fracaso, la adicción, la patología psicológica y en algunos casos más extremos, la criminalidad. Algunas de estas marcas resultarán siendo irreversibles a menos que todos los integrantes reciban ayuda profesional.

No todos los hogares que viven problemas difíciles son familias disfuncionales. Cuando algunos conflictos típicos de la convivencia disfuncional se dan *de vez en cuando* o escasamente, *no* catalogamos a esas familias como disfuncionales. Hay etapas y experiencias que resultan ser temporeras y transitorias. Sin embargo, cuando observamos patrones dañinos, repetibles y predecibles, hay familias que se van definiendo y constituyendo bajo estos términos.

*Características de **padres disfuncionales***

- Cuando sus familias NO son lo más importante en sus vidas.

- Aquellos que son excesivamente autoritarios o completamente desautorizados por los mismos hijos, malcriándoles desordenadamente.
- Paranoicos, con celos enfermizos, espías, controladores.
- Cargan traumas de su niñez que nunca fueron superados o sanados.
- Inflexibles con otros, mostrando ser renuentes y duros de corazón.
- Derrochadores, pésimos administradores de finanzas y bienes, viviendo por encima de sus posibilidades económicas y terminando en quiebras o bancarrotas consecutivas, mientras que su familia está malnutrida o malamente atendida.
- Casi no hablan, retraídos y desconectados, o aquellos que cuando hablan, mas bien gritan, pelean, y se descontrolan fácilmente.
- Poco afectivos, apáticos y distantes pero irritables y enojones.

- Violentos, de a golpes físicos o maltrato psicológico que incluye constantes regaños, gritos, malas palabras, humillaciones públicas, desprecios.
- Inmorales, adúlteros, fraudulentos, mentirosos, tramposos.
- Consistentemente depresivos o ansiosos, de caracteres bipolares o con síntomas de trastornos de personalidad fronteriza. (BPD)
- Aquellos que usan a los hijos como armas de fuego en contra de su pareja. Pelean fuertemente con su pareja en frente de sus hijos.
- Exageradamente perfeccionistas con el rendimiento de los hijos, sin ser capaces de reconocer pequeños logros o progreso. Presionan a los hijos al extremo y condicionan el cariño hacia ellos según ese alto nivel de rendimiento preestablecido.
- Pedófilos, abusadores, irrespetuosos.

- Facilitadores de vicios y malas conductas; justifican y defienden malos comportamientos e injusticias de parte de sus hijos hacia otros con tal de favorecerlos y malcriarlos.
- Progenitores de daños intergeneracionales.

*Características de los **hijos disfuncionales***

- Abusivos, desafiantes, violentos, gritones, con rasgos de trastornos desafiante oposicional (ODD).
- Amargados, depresivos, encerrados, apáticos, poco afectivos, les molestan los abrazos o demostraciones de cariño.
- Miembros de pandillas o de grupos socialmente rebeldes.
- Silenciosos, apartados, encerrados, paralizados por el miedo o la manipulación.

- Mentirosos, ladrones, deshonestos.
- Provocadores que acosan y provocan (*bullies*).
- Hiperactivos al extremo de ser incontrolable, como si estuvieran poseídos de una fuerza extraña que no puede controlar.
- Muy baja autoestima, complejos de inferioridad, o sentido narcisista y egoísta que siempre exige ser el centro de atención.
- Hipersexual, con trastornos de sexualidad, desviación o disfunción sexual.
- Embarazos consecutivos a muy temprana edad.
- Adicciones (cigarrillo, alcohol, droga, sexo, juegos virtuales).
- Abusivos con los hermanitos y con mascotas.
- Muestran interés por armas de fuego o instrumentos de agresión.

- Antisociales, psicópatas, o con trastornos series de personalidad.
- Ingobernables y desafiantes a toda autoridad.
- Hijos que resienten a sus padres y hermanos, se burlan de ellos, los creen inferiores o ignorantes.
- Falta de amor y aprecio a la vida propia y a la de otros, incurriendo a abortos, automutilación o intentos de suicidios.

Estos padres e hijos disfuncionales irremediablemente configuran un *hogar disfuncional* que exhibirá las siguientes conductas y características:

- Hijos desatendidos, no supervisados, abandonados o malnutridos. Cada cual anda por su lado, y no hay coherencia ni sentido de unidad o pertenencia.

- Familias tóxicas, en constantes conflictos, desacuerdos y peleas, hasta con gritos y golpes físicos.
- Señales de decadencia moral, pornografía, sexo inapropiado en la casa.
- Vicios, borracheras y uso de drogas ilegales en la casa.
- Incesto, violencia intrafamiliar.
- Actos ilegales y fraudulentos, narco tráfico, robos, violaciones.
- Límites inadecuados que son fácilmente violados o no obedecidos. Disciplina desorganizada o ilógica.

Los efectos de estas vivencias disfuncionales en los hijos son de vivir con miedos y desconfianzas, desfigurando las expresiones emocionales, suprimiendo sentimientos, y afectando negativamente la socialización o la posibilidad de que estos hijos afectados logren relaciones sanas en el futuro. Se les nota el dolor o desencanto en las miradas y en los rostros, perdiendo brillo y lustre, y más bien comunican ira, resentimiento o agobio. Hijos de hogares disfuncionales padecen mucho más de depresión, ansiedad, bipolarismo, esquizofrenia, adicciones, o del síndrome del estrés postraumático, lo que usualmente les diagnostican a soldados que vienen de la guerra.

Algunas de estas familias siempre han sido así, pero otros quizás estando bien, se desestabilizaron por un cisma traumático o vivencia fuerte que no pudieron remediar. Si en momentos como esos no buscaron ayuda, se desencadenaron una serie de irregularidades y errores humanos que deformaron la idiosincrasia y la esencia original de esa familia. Estos hogares tóxicos transfieren herencias de negatividad, violencia intergeneracional, prevalencia de vicios desde muy temprana edad, y muchas veces los hijos aprenden a desautorizar a los padres para tomar el mando de la casa a través de temperamentos insoportables e intimidantes.

Según una encuesta de 1000 profesionales de la salud mental, se concluyó que, la causa principal de problemas emocionales diagnosticados a lo largo de la vida se debe a la falta de amor y de cuidado emocional por parte de los padres durante las etapas de la niñez y preadolescencia.

1. 75% DE LOS HIJOS DE UN PADRE O UNA MADRE ALCOHÓLICOS SERÁN ALCOHÓLICOS O SE CASARÁN CON UN ALCOHÓLICO.
2. 100% DE LOS HIJOS DE AMBOS PADRES ALCOHÓLICOS, SERAN ALCOHÓLICOS.
3. 81% DE LOS NIÑOS ABUSADOS SE CONVERTIRÁN EN ABUSADORES.
4. 90% DE ADOLESCENTES O ADULTOS HOMOSEXUALES O BISEXUALES

REPORTAN HABER SIDO VIOLADOS O MOLESTADOS SEXUALMENTE EN SU NIÑEZ.

5. HAY 50% MÁS INCIDENCIA DE MORTALIDAD INFANTIL, PROBLEMAS EMOCIONALES, VICIOS, DELINCUENCIA, CRIMINALIDAD EN HIJOS QUE NO HAN RECIBIDO CONTACTO FÍSICO DE SUS PADRES.

6. SE HAN DOCUMENTADO CASOS DE PERSONAS CON TENDENCIAS SUICIDAS QUE DESPUÉS SE HA DESCUBIERTO QUE SUS MADRES INTENTARON ABORTARLOS EL MISMO MES QUE ELLOS TRATABAN CADA AÑO DE SUIDICARSE.

Violencia Doméstica y Abuso Sexual: Disfunción Crónica

Violencia *física* es el acto de agredir a una víctima utilizando algún instrumento de fuerza (incluyendo parte del cuerpo del agresor) que ocasiona daño o lesión física, enfermedad o dolor, incluyendo el abofetear, empujar, escupir, golpear, patear, asfixiar, quemar, apuñalar, disparar y matar a las víctimas. Violencia *psicológica* son esos actos que atentan contra la integridad emocional de una víctima a través de la intimidación, explotación, ridiculización, desvalorización, humillación, gritos, tratos irrespetuosos, sentimientos de culpa, sufrimiento, amenazas, y aislamiento social y económico. Violencia *sexual* es cualquier conducta dirigida a forzar un acto sexual sin el consentimiento de la víctima, ya sea mediante el uso de amenazas, por la fuerza, por intimidación, o si la víctima está en un estado indefenso o de inconsciencia. Los abusadores no son todos depredadores desconocidos; a veces son los cónyuges, padres, padrastros, hermanos, parientes cercanos, amigos, vecinos, entrenadores deportivos, maestros, y personas en puestos de autoridad. Se estima que el 60% de las víctimas maltratadas sufrirán de problemas psicológicos tales como la depresión, ansiedad, baja autoestima, pensamientos suicidas, fatiga, obesidad, automutilación, insomnio, trastornos disociativos, disfunción sexual y adicciones.

La violencia doméstica está profundamente tejida en las culturas de algunos pueblos, y muchas veces se presenta como un evento intergeneracional. En muchas familias estos sucesos no son reportados a las autoridades y es muy difícil saber la abarcadura de la alta incidencia de esta disfunción. Algunos abusadores, por sus propias experiencias vivenciales y carencias emocionales, buscan restablecer su sentido de poder, dominio y autoridad a través de actos de agresión psicológica de agresión física, psicológica o sexual.

Los investigadores han descubierto que casi la mitad de los hombres que cometen actos de violencia doméstica también tienen problemas de abuso de sustancias, siendo el alcohol el factor principal contribuyente. Las investigaciones principales apuntan al uso excesivo del alcohol como un elemento clave en la dinámica de la violencia intrafamiliar. En las zonas rurales de algunos países de América Latina y del África, donde la cultura del "machismo" y la supremacía masculina son muy prevalentes, el 95% de las mujeres han sido abusadas física y sexualmente. Otros factores que contribuyen son la baja educación y los problemas socioeconómicos prevalentes en algunos sectores o poblaciones.

Los integrantes de familias en violencia doméstica necesitarán ayuda social, emocional y espiritual para superar los traumas de dolor que las escenas violentas dejaron grabadas en sus memorias. Las víctimas de violencia física, psicológica o sexual necesitarán aprender técnicas de asertividad, aprender a poner límites, a defenderse y ampararse de la justicia y de recursos accesibles (conseguir poner orden de restricción, llamar a la policía, pedir ayuda en hospitales y centros especializados, línea telefónica nacional, etc.), y a separarse de los agresores por su bienestar físico y psicológico, al igual que por la estabilidad emocional de todos los miembros de la familia que son testigos de los actos. (En USA, hay operadores 24 horas para aconsejar en línea a víctimas de violencia. Llamar al 1-800-799-7233, o solicitar el número para su país.)

Varias investigaciones han encontraron que la participación religiosa está correlacionada con la reducción de los niveles de violencia doméstica por el aumento de los niveles de integración y apoyo social, la disminución del abuso de alcohol y sustancias, la enseñanza de los miembros de cómo socializar, autorregular, exhibir niveles más altos de autocontrol, responder a un mayor sentido de responsabilidad, experiencia de mayores niveles de paz interior y felicidad, y fomentar un sentido general de calidad de vida. Vivir una experiencia de fe también implica ser alentado a mantener estilos de vida más saludables a través de sermones semanales, retiros, material de lectura, que promuevan la responsabilidad, el compromiso, la lealtad, el altruismo, el autosacrificio y un sentido de fuertes creencias sobre la santidad del matrimonio y la vida familiar. Muchas organizaciones religiosas organizadas también ofrecen asesoramiento pastoral, grupos de apoyo y una posibilidad infinita de recursos adicionales como seminarios, programas de resolución de conflictos, consejeros de manejo de la ira y adicciones, etc.

¿Cómo sanar un hogar disfuncional?

El hogar debe de proveer las condiciones óptimas para crecer, madurar, motivar y promover. Los padres y formadores deben de estimular en los hijos la comunicación abierta, la creatividad, la generosidad, la bondad, el respeto humano, la afectividad, la autorregulación emocional, y la espiritualidad.

Cuando las conductas son extremas, necesitarán de ayuda profesional. En algunos casos esto implicará terapias y consejería psicológica, y en otros casos, hay que acompañar con tratamiento psicotrópico (medicinas recetadas por un psiquiatra para atender las condiciones psicológicas crónicas manifestadas). Las terapias de familias o sesiones de grupos suelen ser muy efectivas, siempre y cuando todos accedan a participar de una forma abierta y honesta. Las sesiones de *manejo de la ira* tienen resultados muy positivos en ayudar a controlar temperamentos agresivos y violentos.

Las reglas en el hogar deben de ser reformuladas e implementadas de una forma consistente e invariable. Ambos padres de familia deben de ponerse de acuerdo sobre los nuevos límites, y de la forma que van a castigar y premiar las conductas que necesitan cambiar. Los padres deben de comprometerse con hacer de su familia el enfoque de sus vidas y dedicarse a reorganizar la vida familiar tomando en cuenta las necesidades de todos, los reclamos de todos, y las posibles aportaciones de todos. Con un sentido de responsabilidad colectiva, todos tienen que colaborar al unísono con el mantenimiento económico y social del hogar y nadie está exento por escusas o posibles limitaciones personales.

Hay que limpiar los hogares; echar a la basura la pornografía, erradicar conductas que dan mal ejemplo, silenciar malas palabras, y **nunca** permitir malos tratos, vicios ni violencia. Los esposos deben de tratar sus problemas matrimoniales profesionalmente y adquirir nuevas destrezas personales y parentales para manejar adversidades y situaciones que retan y desestabilizan. Los hijos aprenderán las lecciones más apremiantes *no* de los discursos *sino de los ejemplos*. Los padres deben de arreglar sus vidas y ser sinceros y transparentes. La integridad y la credibilidad son los pilares de la autoridad.

Los padres deben asumir el papel de guardianes de su hogar, siempre protegiendo y defendiendo a sus hijos como los leones cuidan a sus cachorros, supervisando efectivamente la vida de sus hijos de amigos o conocidos misteriosos que puedan influenciar a los hijos de manera dañina.

Los padres deben de retomar el control de la disciplina de sus hijos sobre todo si la habían relegado a hijos extorsionistas y manipuladores. Tienen que poner *orden jerárquico* en el hogar y no permitir ser usurpados de poder, control o autoridad. Hay que entablar diálogos de perdón y reconciliación con cada miembro de la familia de manera directa y personal.

Hay que hacer cambios concretos en la manera de vivir, actuar, e incrementar el nivel educacional de todos. Hay que trazar nuevas metas y diseñar un programa de cambios con los cuales todos se puedan comprometer e ilusionar. Hay que conectarse con programas, asociaciones, y grupos de familias sanas a quienes escuchar y modelar.

Hay que regresar a la fe, a la oración en familia, a la práctica religiosa, a los principios y valores originales, inspirados por el amor verdadero y al deseo irrevocable de querer una vida mejor para todos por igual. Hay que creer más en la unidad que en la individualidad, y optar por la felicidad de todos como derecho inmutable y legado permanente.

Efesios 6,4

"Y ustedes, los padres, no hagan de sus hijos unos resentidos; edúquenlos, más bien, instrúyanlos y corríjanlos como lo haría el Señor."

Fotografía por Annie Spratt

Capítulo 4
¿CONOCES BIEN A TUS HIJOS?

Fotografía por Thiago Cerqueira

Jeremías 1,5
"Antes de haberte formado yo en el seno materno, te conocía, y antes de que nacieses te había consagrado".

Los hijos *no son* todos iguales, aunque provengan de los mismos progenitores y se hayan criado bajo el mismo techo. En el mismo hogar puede haber uno alegre y otro depresivo, uno arriesgado y otro cobarde, uno distante y otro cariñoso. En ocasiones no entendemos por qué son tan diferentes y pensamos, ¿será que heredó del abuelo o bisabuelo? Hay rasgos del temperamento e identidad que son hereditarios, pero el *carácter* de cada individuo es una fusión de varios factores además de los genéticos; aspectos de la socialización, dinámica en el hogar, cuán saludable estaba la vida hogareña durante los primeros años de su vida, nivel de corrección y disciplina recibida, el orden de nacimiento, coeficiente intelectual, capacidad de autorregularse emocionalmente, y calidad de relaciones interfamiliares. Cuando un hijo se identifica con uno de los dos padres, tiende a copiarle parte de su conducta. Los padres son los principales modelos a quienes los hijos observan todo el tiempo. Los hermanitos son los modelos secundarios y después los amigos y compañeros.

Los sistemas nerviosos y las capacidades cognitivas del ser humano se calibran a partir de las primeras cinco semanas de gestación, y de una forma más acelerada durante los primeros 18 meses de vida. Es mayormente durante estas tempranas etapas cuando se define la personalidad e identidad del individuo. Por supuesto que, a lo largo de los años posteriores, otras experiencias de vida pueden seguir moldeando y modificando las conductas y maneras de ser, sobre todo gracias a nuevos niveles de madurez que se van adquiriendo.

Muchos padres dicen que sus hijos no solamente crecen, sino que cambian. Sobre todo, al llegar a la adolescencia notan grandes diferencias entre lo afectivo y emotivo que era el niño a los 4 años, y lo distante y desafiante que es ahora a los 15. Esos cambios no se dan repentinamente: si los padres están conectados con sus hijos y si la comunicación entre ellos es abierta y sincera, poco a poco y día a día se revelan nuevos matices, aparecen sutiles expresiones que si son apropiadas se celebran y si son dañinas se deben de corregir inmediatamente *en el momento que se manifiestan.*

Ya no preguntemos, ¿qué habrán heredado mis hijos de mí? Mas bien, *¿qué han aprendido mis hijos de mí?* ¿Habrán aprendido a mentir o a decir la verdad, a ser vagos o trabajadores, vividores o benefactores, violentos o respetuosos, apáticos o sensibles a las necesidades de los demás, creyentes o incrédulos? Como padre o madre, ¿soy un coherente modelo de virtud o signo de interrogación?

Las herencias no son sentencias. Son predisposiciones genéticas que intentarán manifestarse con una fuerza de 40 a 60% de posibilidad, sobre todo cuando se trata de condiciones psicológicas o psiquiátricas, tendencias a la adicción o rasgos de la personalidad. La controversia entre la naturaleza o crianza se tambalea al tratar de estimar con más exactitud cuál contribuye más en el desarrollo del perfil psicológico: ¿la genética o el medioambiente? Los estudios sugieren que la genética influye más en el caso de condiciones psiquiátricas más severas como la neurosis o esquizofrenia. En condiciones menos crónicas como tendencias a la depresión, ansiedad, negatividad o positivismo, la influencia del medioambiente es *más* determinante que la genética. Aún a pesar de las herencias, cada cual con los años se va confeccionando su carácter y su manera de ser definiéndose y reaccionando a las circunstancias que va enfrentando en su vida.

Los padres no necesitan ser expertos en salud mental para reconocer que hay algo que no está bien con uno de los hijos. Cuando los cambios son súbditos y notables, es hora de pausar y evaluar con la mayor precisión posible los causantes y la gravedad de la condición que manifiesta. Las maestras quizás no son psicólogas, pero muchas tienen un *ojo clínico* para detectar anomalías y rarezas, también gracias a la experiencia de lidiar con tantos niños en sus carreras profesionales. Muchos padres se enojan cuando las maestras no les dan el mejor reporte sobre sus hijos: escúchenlas y no se bloqueen ni entren en negación pues ellas están en primera fila observando y lidiando con ellos muchas horas al día. Los padres tienen que consultar con todos los adultos que se relacionan con sus hijos y estar abiertos a sus observaciones y sugerencias.

En el caso de hijos que manifiestan conductas o emociones difíciles de regular, es hora de ir a un psicólogo para una evaluación más profesional y posible solución o tratamiento. La gran mayoría de los problemas de conducta o personalidad son remediables, a menos que hallan daños estructurales en el cerebro. La neurociencia explica cuán individualizados son los procesos bioquímicos de cada cerebro, y es posible hacer ajustes y balancear los niveles de diversos neurotransmisores con la ayuda de medicamentos, ejercicio, dieta, diversión, amor y tranquilidad. El cerebro posee una plasticidad impresionante, algo que nos ayudará a hacer cambios positivos aún ante condiciones adversas. Lo importante es descubrir y reconocer la raíz de los problemas para comenzar a buscar posibles soluciones. El cerebro de los niños y adolescentes está en constante movimiento y crecimiento. Un cerebro humano sigue conectándose y madurando hasta los 25 años de edad.

¿Malacrianza, rebeldía o patología?

Hay conductas que se pueden transformar casi instantáneamente con un castigo efectivo que intercepte futuras costumbres o patrones. Cuando no se corrigen en sus orígenes y a tiempo, se crean enlaces cognitivos, memorias y condiciones que fortalecen o premian la conducta para querer repetirla. El castigo es un esfuerzo de interrumpir o *debilitar el enlace*, y evitar que la nueva conducta se convierta en la nueva costumbre. Lo que comenzó como malacrianza puede convertirse en una condición más seria que deforma caracteres y comportamientos adecuados, e interrumpe procesos positivos de desarrollo emocional y social.

¿Qué tan bien conoces a tus hijos? Respóndete a estas preguntas.

- ¿Sabes cuál es su coeficiente intelectual y rendimiento académico? ¿Están rindiendo según sus óptimas capacidades y máximo potencial, o se desenfocan, desaniman, vaguean o procrastinan?
- ¿Sabes cuáles son sus habilidades y dones especiales (para la música, arte, deportes, don

de gente) como para potenciarlos al máximo, o sólo te fijas en sus defectos y limitaciones?
- ¿Son fáciles de agradar, o son siempre exigentes y poco agradecidos?
- ¿Son maduros o infantiles para su edad?
- ¿Son corteses, respetuosos, cordiales, tienen modales, o son groseros, insociables y rudos?
- ¿Saben moderar sus decepciones, iras, ímpetus, nervios, o son de *mecha corta*, alterados, impulsivos, ansiosos o hiperactivos?
- ¿Son alegres, joviales, espontáneos, con buen sentido de humor, o son de miradas tristes, rostros enfurecidos, pesimistas, apagados y distantes?
- ¿Poseen un nivel adecuado de autoestima y valorización personal, o se creen muy inferiores o superiores a los demás?
- ¿Son modestos y decorosos en sus lenguajes no verbales, sus maneras de vestir y maquillarse, o son sensuales y seductores?

- ¿Son fuertes emocionalmente, se recuperan ágilmente de los malos momentos u ofensas o se hieren fácilmente y no saben cómo superar el momento o perdonar?
- ¿Puedes dialogar con ellos o te mandan a callar? ¿Articulan lo que piensan, sienten y quieren, o no les sacas más de 3 palabras en un intento de conversación?
- ¿Puedes confiar en ellos en sus respuestas y conductas ante las seducciones de sus "amigos" (accesibilidad de alcohol, drogas, promiscuidad sexual), o te quedas muy inquieto cuando salen y no estás seguro si serán fácilmente persuadidos?
- ¿Tienen **autocensura** o son eufóricos e impredecibles?

Este breve examen sirve no solo para conocer mejor a los hijos, sino también para percatarnos de cuán alertas, pendientes y analíticos *están los padres* de lo que es obvio, como también de las virtudes o defectos subyacentes que no siempre están a flor de piel. Es además una posible lista de cambios y modificaciones de conductas que hay que priorizar. Todas esas conductas inapropiadas se pueden modificar tomando una por una, explicando por qué no son aceptables, los daños consecuentes que pueden generar, y añadir una lista de conductas y reacciones alternativas preferibles. La modificación de conducta se logra a través de una dinámica bastante sencilla: suministrando un balance perfecto entre el premio y el castigo. Si los padres no castigan lo incorrecto, jamás corregirán lo inapropiado. Si solo castigan lo malo, perderán respeto y admiración. Si nunca premian lo bueno, los hijos no estarán incentivados en cambiar o repetir la conducta alternativa. La técnica casi perfecta es saber cuándo premiar puntualmente lo deseable y cuándo y cómo castigar adecuadamente lo inadecuado, según el grado de gravedad de la ofensa.

¿Cómo asegurarse que solo se trata de un problema de comportamiento o actitud, y no un problema mental?

Los diagnósticos de problemas mentales en niños y adolescentes son escasos, pero sí son posibles. Cuando se habla de cantidades, promedios o estadísticas, hay que recordar que estos estimados dependen totalmente de gente que reporta sus condiciones, que buscan ayuda y generan un récord o historial. Podemos teorizar que son más los que *no* reportan que los que *sí*, y esto depende de la costumbre, cultura, educación y de la calidad de servicios sociales de cada comunidad. En promedio el 7% de los niños entre os 3 a los 17 años de edad son diagnosticados con ansiedad, y el 3.3% con depresión. Las investigaciones de la Alianza Nacional de la Enfermedad Mental (NAMI) aseguran que el 20% de los adolescentes entre los 13 y 18 años de edad exhiben por lo menos un tipo de trastorno mental grave, el cual puede ser temporero si se trata adecuadamente.

Señales de Advertencia que necesitarán observación o evaluación profesional

1. Cambios inesperados e injustificables en el rendimiento escolar, en el aprendizaje, retraso mental o grandes dificultades

cognitivas, incluyendo tipos de retrasos mentales o trastorno del espectro autista.
2. Preocupación o ansiedad excesivas, ansiedad social, alteraciones nerviosas, ataques de pánico.
3. Comportamiento hiperactivo o falta de resistencia y energía.
4. Pesadillas frecuentes, insomnia o hipersomnia (dormir demasiado).
5. Constante desobediencia, rebeldía agresiva, tendencia excesiva al berrinche, trastorno desafiante oposicional.
6. Tendencia al aislamiento, encerramiento, preferencia por la oscuridad.
7. Extraño interés por las imágenes violentas, por armas de fuego, por instrumentos de agresión. Violencia en contra de animales.
8. Frecuentes altibajos, alteraciones dramáticas de estados de ánimo.
9. Tristeza generalizada y a veces, no justificada.

10. Alto sentido de autodesprecio, o narcisismo y egocentrismo desproporcionado.
11. Aumento o pérdida notable de peso, pésimos hábitos de alimentación, falta de apetito.
12. Delirios, alucinaciones, dificultad en separar lo que se imagina de la realidad, haciéndose películas en la cabeza.
13. Dependencia incontrolable de alcohol, drogas, pornografía, vicio de juegos digitales.
14. Hipocondría o el sentirse enfermo de varias condiciones físicas con mucha frecuencia.
15. Pensamientos de muerte o ideas suicidas.

La ideología de género

Génesis 5,2

Varón y hembra los creó, y los bendijo.

Si hay un tema hoy día difícil de explicar y hacer entender, es el tema de la ideología de género. No tenemos suficiente espacio en este libro para navegar por todos sus laberintos y propuestas, pero por tratarse de un estilo de vida exageradamente normalizado en estos últimos años, es tema de muchas sesiones de consejería de muchos padres de familia quienes se encuentran perdidos, alarmados, y desarmados para responderle a sus hijos cuando la experiencia llega a sus hogares.

El primer problema es que se ha convertido en tema politizado, sobre todo en las agendas de movimientos liberales. Se lo han arrebatado al formador espiritual, al docente y al psicólogo, para forzosamente hacerlo parte de los discursos y propuestas de políticos y militantes de derechos humanos, civiles y sociales. La propaganda ha sido tan eficazmente tergiversada que, si no eres tolerante de la preferencia homosexual o gay, es porque tienes prejuicios irracionales, eres incomprensivo y muy poco misericordioso. Pero hay que sacarlo de la política para reubicarlo en el ámbito de la ciencia donde pertenece. La gran mayoría de los estudios lo presentan de esta manera: *la identidad sexual del individuo está determinada genéticamente y es una realidad biológica, no una decisión emocional o psicoafectiva.* **No hay pruebas científicas contundentes** de que un individuo nazca con predisposiciones genéticas para ser diferente a lo que su fisiología le indica. Los estudios en áreas de influencia genética no han producido conclusiones lo suficientemente persuasivas, sobre todo tomando en cuenta que, si la mayoría de los homosexuales no procrean hijos, ¿cómo es que hay más homosexuales que nunca? Si la razón está en la genética, entonces es más probable que sea una condición de mutaciones genéticas más que de herencia. El debate continúa y la agenda gay quiere que creamos a ojos cerrados que así se nace y que una vez que el niño o joven se percata de ello, hay que permitirle evolucionar en común acuerdo con su sospecha.

Las investigaciones más bien sugieren que más bien puede tratarse de un problema psicoafectivo y que la "identidad gay" puede ser transitoria y modificable si los psicólogos y sociólogos modernos se dedicaran a elaborar recursos y terapias de concientización y cambio. Mas bien las terapias se dedican hacia la *aceptación* en vez de la *transformación o sanación*. Ahora no es el paciente el que debe de dedicarse a sanar sus tendencias en conflicto, sino los padres y la sociedad los que deben de cambiar sus ideas arcaicas y obsoletas para aceptar incondicionalmente todas las propuestas sencillas o extremas que introduce esta ideología. Una de estas medidas extremas que está tomando fuerza es permitirles a niños de decidir cambios transexuales aún desde la edad de 7 u 8 años. En otros tiempos hubiéramos catalogado estas prácticas como abuso de menores porque en realidad ningún niño puede decidir por cuenta propia sobre semejantes cambios tan trascendentales y permanentes para su vida. ¿Le preguntásemos a una criatura si quiere o no operarse del corazón, de los riñones, de recibir o no quimo-terapia si lo necesitara? Por supuesto que no. Los adultos informados y responsables son los asignados a tomar estas decisiones. El cerebro infantil no tiene las capacidades ni recursos para definir su identidad, sus verdaderas preferencias, y mucho menos, quien va a querer ser o seguir siendo de aquí a 30 o 50 años. Si los profesionales de la salud mental trabajan más en terapias de cambio, muchos afectados harían la transición hasta reintegrarse física y emocionalmente, en vez de auspiciar el que tantos individuos opten por vivir en un constante conflicto intrapersonal e interpersonal. Y aún si hubiera razones biológicas o fisiológicas, si un hijo nos naciera con problemas cardiacos, con diabetes, con patología del habla, con autismo, creo que la mayoría de los padres no seríamos capaces de decir, "¡Oh! que mala suerte, así se quedará". Creo que buscaríamos todas las opciones posibles y accesibles para encontrar sanación o recuperación.

¿Por qué se ha vuelto tan popular últimamente para muchos preadolescentes y adolescentes el sospecharse o considerarse gay? Los promotores de la ideología cuentan con auspicios multimillonarios para impulsar a toda costa y normalizar el tema por todos los medios posibles, produciendo una campaña casi hipnótica que sugestiona a individuos de valores vulnerables, y a jóvenes de mentes sensibles en procesos de cambios y maduración. Primero convencen a los niños y jóvenes, y ahora son ellos los que persuaden a los padres.

¿Cómo deben de proceder los padres si un hijo les plantea la sospecha de ser gay? Primero que nada, hay que *calmarse*. Los nervios, las histerias, la confusión, el pesimismo nos harán decir cosas indebidas y hasta ofensivas, y tomaremos medidas radicales que traerán otras consecuencias igualmente penosas. Aunque no estamos de acuerdo con el estilo de vida por nuestro credo y principios de vida, no confundamos el rechazo que es válido sentir hacia la modalidad con el posible rechazo que le pudiéramos inconscientemente comunicar a los hijos.

El Papa Benedicto XVI (cuando todavía se le conocía como Cardenal Ratzinger) escribió lo siguiente: *La ideología de género es la última rebelión de la creatura contra su condición de creatura. Con el ateísmo, el hombre moderno pretendió negar la existencia de una instancia exterior que le dice algo sobre la verdad de sí mismo, sobre lo bueno y sobre lo malo.*

Con el materialismo, el hombre moderno intentó negar sus propias exigencias y su propia libertad, que nacen de su condición espiritual. Ahora, con la ideología de género el hombre moderno pretende librarse incluso de las exigencias de su propio cuerpo: se considera un ser autónomo que se construye a sí mismo; una pura voluntad que se crea él mismo y se convierte en un dios para sí mismo.

La Conferencia Episcopal de Estados Unidos redactó un documento titulado "Siempre Serán Mis Hijos", en donde se propone lo siguiente: *Primero, no rompa la comunicación; no rechace a su hijo. Un número sorprendente de jóvenes homosexuales termina en la calle por el rechazo de su familia. Esto y otras presiones externas pueden poner a los jóvenes en un mayor riesgo de comportarse de manera autodestructiva con el abuso de narcóticos o el suicidio. Su hijo puede necesitarlo a usted y a su familia ahora más que nunca. Sí, su amor enfrenta una prueba ante esta realidad, pero también puede ser fortalecido mediante su lucha por responder amorosamente. La segunda manera de comunicar amor es buscando ayuda apropiada para su hijo y para usted mismo. Si su hijo o hija es un adolescente, es posible que dé muestras de características que le preocupen, tales como lo que el joven lee o ve por los medios de comunicación, amistades intensas y otras señales y tendencias visibles. Lo que los padres necesitan hacer es no asumir que su hijo ha desarrollado una orientación homosexual, y cultivar una actitud que lo ayude a mantener una relación cariñosa que proporcione a su hijo apoyo, información, ánimo y guía moral. Los padres deberán siempre estar alertas sobre la conducta de sus hijos e intervenir de manera responsable cuando sea necesario. En muchos casos, puede ser apropiado y necesario que su hijo reciba ayuda profesional, incluyendo dirección espiritual y consejería. Es importante, por supuesto, que esté dispuesto a hacerlo voluntariamente. Busque un terapeuta que aprecie los valores religiosos y que entienda la naturaleza compleja de la sexualidad.*

Estos dos escritos mencionados resumen perfectamente la definición del problema y el proceder más adecuado. No hay sustituto a una comunicación abierta y compasiva con hijos heridos, confundidos o necesitados de afecto y relevancia. Vayan a consejería profesional como familia, nunca se resignen a aceptar problemas sin decidir primero emprender luchas tenaces que pueden producir cambios, y crean en el poder milagroso de la oración para pedir y recibir lo que las capacidades humanas no proveen.

¿Cómo ayudar mejor a nuestros hijos en estas diversas condiciones?

Si alguno de los hijos muestra alguna de estas condiciones, es recomendable primero conversar con ellos extensamente al respecto, imponer un plan de cambio y modificación de conducta, ser consistente con implementar las nuevas normas y reglas suministrando la recompensa y el castigo de forma firme y predecible, y sentarse juntos a evaluar los resultados.

Si aun así siguen los pensamientos y comportamientos inadecuados, se debe buscar una evaluación profesional de un psicólogo o consejero acreditado, seguir las recomendaciones de visitas, terapias, y grupos de ayuda. Casi todas las escuelas proveen consejeros o psicólogos escolares a través de los programas del distrito escolar. Especialistas en psicología cognitiva reportan resultados impresionantes en el tratamiento de condiciones como la depresión, la ansiedad, miedo, manejo de ira y duelos inconclusos. Los especialistas en consejería matrimonial y familiar ofrecen muchas técnicas para ayudar la convivencia familiar, como dinámicas de comunicación efectiva y mediación para parejas en conflicto. Los grupos de apoyo son una alternativa para jóvenes quienes se resisten a las terapias; en estos grupos de unas 5 a 10 personas, todos los que comparten tienen necesidades y condiciones en común, y muchos encuentran que es fácil identificarse y sincerarse con gente muy parecidas a ellos.

Si interviene un psiquiatra, insistirle al paciente de tomar los medicamentos recomendados. Hay padres que tienen miedo medicar a sus hijos, pero si un psiquiatra lo recomienda hay que tomar su recomendación muy en serio. Usualmente, los medicamentos psicotrópicos (para el cerebro) son supervisados cada mes, y tienen como propósito balancear la química irregular del cerebro, corregir el cerebro, proveer *combustible* a un organismo deficiente en producir sus propias reservas, y estabilizar la actividad cerebral para ayudar a lograr los cambios de comportamiento.

Además de medicinas, los estilos de vida tienen que cambiar, incrementando la actividad física y recreacional, nutrición y alimentación más balanceada y dejar la comida chatarra y bebidas con colores artificiales, adquirir mascotas que traen alegría a la casa, programar más paseos y convivencias familiares, e incorporar amigos que sean modelos de vida positiva. La temperatura emocional en el hogar debe ser agradable, templada, creando ambientes propicios y conducentes a la estabilidad emocional y psicológica de todos sus integrantes.

Fotografía de Bekah Russom

CAPÍTULO 5
La Infancia y la Niñez

Las Etapas Más Importantes

Fotografía por Larm Rmah

Lucas 11, 11
Quiénes de ustedes siendo padre, si su hijo le pide pan; ¿acaso le dará una piedra? O si le pide un pescado; ¿acaso le dará una serpiente?

La infancia y la Niñez

La infancia y la niñez son las etapas más importantes de la vida pues desde su nacimiento hasta los seis años de edad es cuando el cerebro humano más absorbe, graba y aprende, pero con la capacidad de análisis más limitada. Por no saber discernir la información que recibe, aceptará incondicionalmente de sus padres y cuidadores los elementos fundamentales más conductivos para formar una autoestima e identidad íntegra y sana. Estos primeros años deben de estar dedicados a enmarcar en el corazón y en el arsenal de memorias las imágenes más icónicas que se puedan atesorar. Cuando la infancia se vive sanamente y libre de incidentes dolorosos, el desarrollo normal de la criatura será aventajado para más adelante sentirse seguro, relevante, autónomo y capaz. Una relación estable y comprometida con padres que apoyan, cuidan y aman, es el factor más importante para que los niños desarrollen la capacidad de enfrentar dificultades futuras con fortitud emocional y resiliencia. Esta sana interacción proporcionará la capacidad de respuesta personalizada, los andamios y la protección que alejan a los niños de las interrupciones del desarrollo. También creará capacidades claves, como la capacidad de confiar, pertenecer, interactuar, y regular el comportamiento, que permitirán a los niños responder de manera adaptable a la adversidad, y de poder prosperar y salir adelante en sus años futuros. Esta combinación de relaciones de apoyo, creación de habilidades adaptativas y experiencias positivas es la base de la resiliencia ante las pruebas y los traumas que puedan resultar inesperadamente en diversas etapas de la vida. (Los padres deben estar atentos y acudir inmediatamente a consolar y explicar a los niños cuando ocurran situaciones adversas en un hogar.)

En el capítulo 1 hablamos de la etapa prenatal y la importancia de proporcionar las mejoras condiciones para el desarrollo sano de la criatura en el vientre, incluyendo el cuidar los estados emocionales de la madre y preparar el hogar con gran expectativa e ilusión para la llegada celebrativa de los hijos. La *infancia* es la segunda etapa de la vida, desde el nacimiento hasta los seis años, y la *niñez*, la tercera etapa desde los siete años hasta la adolescencia. Muchas veces tratamos la niñez como una extensión de la infancia, y muchos de los consejos y prescripciones se aplican a ambas casi por igual. Lo más importante a recordar es que en los tres primeros años es cuando el niño adquiere gran parte de su capacidad sensorial, motora, lingüística, emocional y psicológica. El hogar y todos los miembros de la familia deben de estar invertidos en facilitar este crecimiento tan acelerado y exigente, monitoreando los cambios, los adelantos y los atrasos, para que, junto al pediatra o psicólogo de niños, se puedan hacer evaluaciones e intervenciones puntuales y adecuadas.

Los cerebros de los bebés y niños son delicados y frágiles bordados que necesitan de óptimas condiciones para lograr las conexiones y enlaces correctos. Esos cerebros son también como paneles eléctricos que necesitan ser activados al mover el botón o interruptor asignado. Serán activados con las sanas conversaciones y tratos amorosos de parte de los padres, con la atención y vinculación que provee seguridad y regulación emocional en la criatura, con la adecuada temperatura emocional en un hogar donde no se escuchen gritos ni peleas sino buenos tratos a través de diálogos agradables y serenos, con juegos sanos y educacionales entre hermanitos y primeros amiguitos, y con la restricción acertada de información e imágenes que entren a su mente o a su casa a través de películas, televisión, o información de afuera. Es durante la infancia y la niñez cuando los padres deberán de inculcar más efectiva y permanentemente los valores morales, tradiciones, religiosidad, moderación emocional, reglas de comportamiento, tratos relacionales óptimos, códigos de conducta preferenciales, y toda la gama de enseñanzas que necesitarán aprender en un hogar convertido en *la universidad de la vida*.

La psicología de los niños se rige en estas dos primeras etapas por una gran necesidad de seguridad y atención. El vínculo cariñoso y la presencia constante serán de trascendental importancia para fortalecer sus capacidades emocionales. Los bebés y niños acariciados, cargados, atendidos, especialmente durante una enfermedad, susto, confusión, dolor, pesadilla, maltrato, podrán calibrar sus sistemas nerviosos hacia la serenidad y la paz. Los desatendidos o aquellos relegados a calmarse solitos o a quedarse dormidos llorando, calibrarán sus sistemas nerviosos en torno a la ansiedad, la desconfianza y el miedo. ¡Los más efectivos atenuantes del dolor serán los brazos y caricias de madres y padres conectados y pendientes de todos estos acontecimientos y necesidades! Ya ha sido estudiado el efecto terapéutico que produce el sonido del palpitar del corazón de la madre: cuando los bebés y niños están nerviosos o adoloridos, hay que acercarlos al corazón materno y se sentirán más sedados y confortados.

Es también durante la infancia y la niñez cuando se deberán de implementar las reglas de disciplina que regirán al hogar siempre, a los padres percatarse *a tiempo* de las conductas incorrectas que tienen que ser modificadas *en el momento* en que se manifiestan. Berrinches, gritería, malas palabras, agresividad, temperamentos efusivos, comportamiento antisocial, mal humor, chantaje emocional, retos a la autoridad de los padres, actos de mala fe, etc. ¡Si los dejan pasar, será muy difícil corregirlos en la adolescencia! Los regaños, restricciones en los horarios de juego, y la pérdida de privilegios son los remedios más efectivos en la disciplina de hijos en estas etapas. Pero estas amonestaciones deben de ser acompañadas por oportunos momentos de enseñanza para que vayan aprendiendo el *porqué* de la corrección. Cuando los padres se dedican a custodiar los pasos y detalles en las etapas del crecimiento de sus hijos y se entregan totalmente a esta tarea con paciencia, amor, sabiduría y total interés, se minimizarán los riesgos y los daños, y los niños irán ya aventajados para navegar por las próximas etapas de sus vidas.

Los problemas emocionales y psicológicos mmás comunes durante la infancia y la niñez

Niños y adultos estresados, nerviosos, asustados, llorones, peleoneros, alteran la química de sus cerebros porque <u>agotan</u> los *neurotransmisores* responsables de la autorregulación emocional. Bajos niveles de serotonina, endorfina, dopamina y gaba, por ejemplo, (químicos en el cerebro, neurotransmisores) están relacionados a la depresión, ansiedad, insomnio, problemas de memoria, concentración, y otros padecimientos similares. Altos niveles de cortisol hacen que el individuo siempre esté en estado de alerta o tensión. Para normalizar la química del cerebro es muy importante normalizar varios aspectos de la vida: detoxificar el hogar de eventos que promueven la agresividad, la violencia, el rechazo, el desamor; la buena alimentación, aumentar el nivel de actividad física, ejercicios y deportes; insertar más distracción sana y momentos agradables; hacer más oración o meditación; escuchar música relajante; completar 8 horas de sueño cada noche. En algunos casos, pediatras, psicólogos y psiquiatras recomendarán o recetarán medicamentos que ayudan grandemente a regular estos desbalances bioquímicos.

Reconocer a simple vista signos y síntomas de posibles condiciones mentales en los hijos no es fácil, especialmente porque muchos comportamientos son fácilmente confundidos como *cosa de niños* que superarán con los años. Sin embargo, hay muchos niños que pueden llegar a padecer de problemas serios. Estos son los más comunes:

- trastorno del estrés postraumático (PTSD)
- ansiedades sociales,
- trastorno de ansiedad generalizado,
- miedos profundos o fobias,
- trastorno obsesivo compulsivo,
- trastorno de déficit de atención e hiperactividad,
- trastorno del espectro autista,
- depresión infantil, y
- trastorno de oposición desafiante.

Si alguna de estas condiciones se manifiesta en los hijos de cualquier edad, es importante buscar una evaluación psicológica y/o neurológica para salir de dudas, o para comenzar un tratamiento de terapias y en algunos casos, medicarlos bajo supervisión psiquiátrica.

El Trauma Infantil

Fotografía por Annie Spratt

El renombrado médico y psicólogo Martin Teicher, en sus escritos sobre la neurobiología del abuso de niños y las heridas permanentes, afirmó que nuestros cerebros son esculpidos por nuestras primeras experiencias. Si estas son favorables, el cerebro será compensado de herramientas y fortalezas que ayudarán tremendamente a su bienestar. Pero si hay dolor o maltrato, estos recuerdos serán un cincel que dan forma a un cerebro esculpido con heridas profundas, duraderas y limitantes. Las experiencias de maltrato infantil desarman y debilitan las capacidades cognitivas y emocionales por el resto de la vida. Muchas personas viven infancias duras, pero no necesariamente dañinas o traumáticas. Los traumas son las heridas más profundas y marcantes, los imborrables tatuajes en el corazón que dejan los eventos más dolorosos, tajantes e inesperados. Los traumas son recuerdos persistentes y prevalentes (*memorias conscientes*) o heridas dolorosas que se aposentan en el subsuelo de la mente (*en el inconsciente*). Crean paradigmas de dolor, de miedo, desconfianza e inseguridad hasta limitar y deformar el desarrollo emocional de sus víctimas. Los traumas que se viven en la niñez resultarán ser los más dañinos pues el sistema *inmunológico emocional* de la criatura está subdesarrollado, y lo que se vive es acompañado por un gran sentido de victimización e impotencia. Además, esos traumas serán experiencias muy desorganizadas e incomprensibles sobre todo cuando quien los ocasiona es usualmente la persona en quien la criatura más depende para sobrevivir. Algunos adultos que padecen de depresión, ansiedad, adicciones o algún tipo de trastorno mental, están viviendo con las secuelas del trauma infantil que nunca se resolvió ni se superó pues el pasar de los años no consiguieron hacer olvidar lo vivido. En los despachos de consejería cuando los pacientes comienzan a hablar, lo primero que revelan es la experiencia de la niñez la cual reviven con lágrimas y sentimientos reales, como si el tiempo no hubiera pasado. Culparán los múltiples problemas y limitaciones que posteriormente vivieron como adultos a aquel evento traumático que les sucedió de niños y que nunca pudieron resolver ni reconciliar. Al parecer, quedaron atrapados en esa etapa de dolor reviviendo memorias hasta agotar sus defensas emocionales.

Algunas de las experiencias más comunes que causan trauma infantil son: violencia física y psicológica, abuso y acoso sexual, abandono, orfandad, muertes de familiares cercanos, enfermedades prolongadas o dolorosas, estancias largas en hospitales, divorcio de los padres o quebrantamiento de la familia, guerras, pobreza extrema, "bullying" o acoso, humillaciones graves, tragedias naturales, accidentes de automóvil, tráfico sexual, vivir como refugiado o prófugo, actos severos de injusticia, vivir con padres negligentes o desamorosos, o demasiado de estrictos e intimidantes, ser separados de padres que emigran para ser repartidos en casas de familiares con la esperanza de que algún día sus padres regresarán por ellos.

Los hijos del trauma sufren de profundas carencias afectivas, a veces insaciables, y sus corazones se convierten en *barriles sin fondo* difíciles de satisfacer. Vivirán el resto de sus vidas con hipersensibilidad emocional, y por todo lloran, se alteran o se ponen nerviosos, se bloquean o se desasocian de la realidad.

Las secuelas más comunes encontradas en víctimas de traumas son:

- sentimientos reprimidos, suprimidos o manifestados en una forma hiperbólica o exagerada.
- conductas inhibidas, aislamiento, hermetismo (estar encerrado en sí mismo, mucho más que el introvertido socialmente),
- constante sentido de frustración y mal humor, iras enraizadas, desinterés y apatía,

- complejos de inferioridad, presintiendo que nunca dan la talla y más bien prefieren pasar por desapercibidos,
- siempre están disculpándose y se siente con menos derechos que otros,
- ceden fácilmente a los caprichos y presiones de otros ofreciendo muy poca resistencia,
- tendencia a pensamientos catastróficos y perspectivas muy pesimistas,
- sentimientos de desconfianza, inmadurez social, problemas de intimidad,
- Se les dificultará el sentirse felices y en paz. Batallan mucho para conseguir la serenidad y para ser optimistas cuando todo se filtra por la apertura de la vieja herida.

¿Cómo superar el trauma infantil?

La manera de percibir y reaccionar a las adversidades, pueden ser muy diferentes en cada persona, pero se describen tres tipos de reacciones clásicas ante estas:

- Reaccionar con fragilidad y vulnerabilidad.
- Reaccionar con indiferencia o no atribuirle gran importancia.
- Reaccionar con resiliencia admirable, fortaleza inexplicable que los lleva a equilibrar o compensar sus vidas alcanzando logros y gran estabilidad.

La resiliencia es un don especial que muestran algunos seres humanos de hacerle frente a los golpes y sufrimientos de la vida, sin perder el paso y superando los problemas encontrando no solamente paz y reconciliación sino ganancia y bendiciones escondidas. Las personas resilientes no olvidan los sucesos, sino que encuentran cómo redefinirlos hasta encontrarle sus beneficios sacando provecho de lo que otros quisieran desechar. El trauma infantil necesitará ser revisitado en un ambiente seguro, en el despacho de un consejero, guía espiritual, amigo especial o padres amorosos, pero no para revivir ni revolver el dolor sino para dialogar con la vida, buscar reconciliación, y distanciarse del impacto primerizo del episodio doloroso. Aunque la resiliencia es un don especial de algunas personas, las sesiones de consejería y los tratamientos terapéuticos intentan hacer que *todos* los afectados por experiencias traumáticas se conviertan en seres resilientes.

Los contribuyentes principales de resiliencia en niños heridos serán los aportes afectivos que los padres y cuidadores puedan contribuir: amor sanador, diálogos de perdón y reconciliación, nuevas alegrías, valorización, consuelo, compañía, presencia constante que anule soledades y sentidos de abandono, inculcándoles el amor y aprecio a la vida, esperanzas nuevas, historias nuevas en las cuales ilusionarse, expansión de actividades saludables, nuevas redes de seguridad, amigos seguros y confiables, y fe en Dios que sustenta y sostiene aún en momentos de prueba y debilidad. No hay sustituto para la sanación del trauma infantil que el encontrar a padres o cuidadores compasivos y amorosos que ayuden a atenuar los flagelos del dolor con nuevos tratos y experiencias que cambien la textura del pasado y promuevan el desarrollo de una nueva identidad.

No está demás enfatizar que para que una infancia y niñez sean sanas, los niños necesitarán vivir en hogares y ambientes libres de peleas, negatividad, amenazas de rompimiento o separación, duelos prolongados, enfermedades graves, ausencias, adicciones, tendencias al fracaso, adicciones y apegos desorganizados. Los adultos en la vida de los niños deben de deshacerse de sus propias amarguras y recuerdos traumáticos para no infiltrarlos en las vidas de sus hijos. Adultos libres y sanos de ataduras emocionales contarán con más herramientas y técnicas para criar hijos sanos. Los niños necesitan sentirse relevantes, acompañados, protegidos, importantes en la vida de sus padres. Este tipo de acercamiento y calidad relacional nutrirá sus dones latentes de creatividad, motivación, inteligencia, y posibilidades de logro. La responsabilidad de los padres será de nutrir no solamente sus cuerpos en crecimiento sino también sus mentes en movimiento y almas en búsqueda de razón existencial.

Una Infancia Feliz

Todo padre y madre que toma en serio su responsabilidad parental quiere la felicidad para sus hijos. Cuando aprendamos a producir los factores y elementos que aseguran la felicidad, en vez de tratar de comprar temporeras contenturas en los anaqueles de tiendas de juguetes, entonces los hijos gozarán de oportunidades de crecimiento sano y desarrollo beneficioso. Sabemos que cada niño es un mundo o un universo. Por lo tanto, la relación personal del vínculo parental es de insustituible importancia para detallar los tratos y beneficios confeccionándolos a las características personales de cada hijo.

Aún así, los estudios presentan algunos de las preferencias más universales que hacen felices a los niños de todas las edades.

- Dejarles ser exploradores curiosos.
- Jugar libremente, alborotosamente, y extendidamente.

- Jugar en el agua.
- El amor hacia los animales.
- Abrir regalos.
- Obtener nuevos juguetes.
- Escuchar música alegre, y como reacción espontánea, moverse a su ritmo.
- Hojear un libro o escuchar a alguien que se los lea.
- Comer dulces.
- Enfangarse, pintar o pintarse.
- Ser cargados o abrazados.

Y según los investigadores de este tema de la Universidad de Harvard: lo que hace más felices a los niños es tener *relaciones personales saludables y constructivas.*

FOTOGRAFÍA POR AMAN SHRIVASTAVA

Capítulo 6
¿QUÉ HAGO CON MI ADOLESCENTE?

Fotografía de Devin Avery

Eclesiastés 12, 1

No dejes que la emoción de la juventud te lleve a olvidarte de tu Creador. Hónralo mientras seas joven, antes de que envejezcas y te deje de agradar la vida.

"No hay jóvenes malos, sino jóvenes mal orientados."

San Juan Bosco

¿Cómo describir esta etapa sin voltear los ojos o suspirar? Los padres de familia no sabían lo que les esperaba al llegar a la adolescencia de sus hijos. Esta edad supersónica es también la de los cambios fisiológicos, cognitivos y psicológicos más acelerados y misteriosos de la vida. Las mentes y corazones de aquellos niños obedientes y cariñosos ahora son explosiones hormonales volcánicas y sismos emocionales de 8.0+ en la escala de Richter. En esta etapa se abren los ventanales al mundo exterior para comenzar a validar sus apariencias y atributos según las opiniones de otros, haciéndose vulnerable al rechazo o la falta de popularidad. La percepción o interpretación de lo que otros opinan de ellos está constantemente en sus mentes, y si creen que es negativa, producirá en ellos complejo, sentidos de invalidación, y crisis existencial. Si la sienten positiva, se sentirán abalados, motivados, relevantes y hasta más importantes de la cuenta, creando cierto sentido narcisista o de vanagloria en algunos.

En estas edades de 13 a 19 años, los hijos están en transición a ser adultos, pero todavía *no* lo son: no se les han concedido ni las responsabilidades ni los privilegios que asumirán cuando lleguen a su mayoría de edad. Por un lado, se espera que sean menos infantiles y más maduros, y, por otro lado, sus vidas serán severamente restringidas y controladas pues los padres se aterrorizan de las posibles libertades o libertinajes que logren extorsionar. Los adolescentes pueden llegar a ser en algunos casos los seres más temidos, menos comprendidos y consecuentemente los más aislados en el hogar. Los subimos sobre pedestales muy altos que los hacen sentir como la especie más rara y privilegiada, y por otro lado los tratamos de indomables niños estirados y no vemos la hora cuando ya salgan de esa etapa para nosotros regresar a la tranquilidad. Es por eso que se trasladan a su propio planeta y solo permitirán la entrada a gente igual a ellos. Es como si escribieran un rótulo a la entrada de sus vidas que dice, *No se permite la entrada a* adultos exigentes, ni padres chapados a la antigua, ni hermanitos inmaduros o tontos, ni a gente inservible o enfadosa. Y cuando tratamos de infiltrarnos en ese mundo, nos bloquean con un *"no tengo ganas de hablar"*, *"no me rebusquen mis cosas", "ustedes nunca me entienden", "todo mundo lo hace", "no veo la hora cuando ya pueda largarme de aquí".*

¿Qué hacemos? Ese muro impenetrable hay que echarlo abajo. Primero que nada, en vez de exigirles que se den prisa en madurar, recordemos cuando éramos nosotros los que pensábamos y actuábamos así. Los adolescentes no saben representarse bien ante el mundo de adultos: más tiempo invierten en arreglarse la melena que en articular sus verdaderos dones y atributos. Prefieren que los cataloguen como rebeldes y llamar la atención, que ser vistos como niños buenos y controlados o que no exhiben su propia personalidad. Tomando todo esto en cuenta, los padres tienen que creativamente confeccionarse un diálogo y trato apropiados que maximizan sus virtudes y minimizan sus desperfectos.

Las virtudes de la adolescencia

Estas virtudes están muy presentes en prácticamente todo adolescente. Cuando las potenciamos resultarán ser muy provechosas. Pero si las abusamos o canalizamos incorrectamente, pueden traer serios problemas en la juventud.

1. Fascinación por la novedad.
2. Motivación y entusiasmo.
3. Soñadores que fácilmente se ilusionan.
4. Belleza y lustre natural.
5. Valoran el don de la amistad.
6. Saben trabajar en equipo y son muy solidarios.
7. Quieren cambiar al mundo.
8. Poseen habilidades físicas y tecnológicas impresionantes.
9. Son altamente creativos y artísticos.
10. Les gusta sonreír y pueden exhibir muy buen humor, cuando quieren.

Hay jóvenes muy talentosos quienes, al tener la oportunidad de dar a conocer sus dones, sobre todo cuando sus padres se enfocan en lo positivo en ellos, serán dimensionados a sobrepasar en inteligencia y habilidad a muchos adultos de mucha más edad y experiencia. Sin distinción de clase social o económica, sus habilidades son más innatas que adquiridas. El deber de los padres y formadores es encontrar, como tesoros escondidos, estas cualidades especiales en cada uno de los hijos. Si solo nos dedicamos a criticar lo indebido, estamos con el matamoscas en la mano todo el tiempo, y a veces es tan exagerado nuestro sentido de corrección que no creamos espacios ni dedicamos tiempo para encontrar las virtudes y carismas innatos que hay que estimular y potenciar.

Los padres invertidos en las actividades extracurriculares de sus hijos, en primera fila en las competencias deportivas, en las clases de arte o música, en las promociones o graduaciones, y mostrando gran interés y orgullo de sus alcances, afianzarán sus vínculos emocionales, y esta muestra de solidaridad logrará que sus hijos les tengan más confianza.

Fotografía de Zachary Nelson

¿Qué es lo que más necesitamos saber de la adolescencia?

Durante la infancia y la niñez, los hijos necesitaban seguridad. Durante la adolescencia, buscan su independencia. Empiezan a sentir los impulsos y jalones antropológicos y sociológicos para prepararse ante la vida y ser seres más autónomos y autosuficientes, pues tendrán que valerse por sí mismos dentro de poco al dejar la casa materna. (*Génesis 2, 24 Por tanto dejará el hombre a su padre y a su madre, y se unirá a su mujer.*) La naturaleza los quiere lanzar, y en obediencia a la ley de la vida y a la ley de Dios, ellos empezarán a sentir que les está llegando la hora de conectarse con el mundo de afuera, que es hora de ensanchar sus redes y expandirse horizontalmente para asegurar los nuevos parámetros de su supervivencia. Nosotros los padres los queremos limitar y amarrar hasta llevárnoslos en contra de la corriente. Es ahí donde todos, padres e hijos, empezamos un conflicto de poder que no vamos a ganar. Ellos obedecen la ley de la vida para transaccionar de la seguridad de la niñez al lanzamiento a lo desconocido. *El problema es* que, aunque llegan a ese momento fisiológicamente, *psíquicamente* todavía no están armados ni preparados. Sus instintos y mecanismos de supervivencia *no* son muy sofisticados. Sus cerebros necesitarán por lo menos diez años más para completar procesos de madurez. La corteza prefrontal está todavía subdesarrollada, esa zona del cerebro que se encarga del juicio, control, análisis, miedo, recapacitación y autorregulación. Serán fácilmente seducidos por la novedad y el lanzamiento arriesgado, tratando de satisfacer sensaciones de adrenalina elevada y peligros desmedidos. *El cerebro de un adolescente todavía no sabe medir consecuencias* convirtiéndoles automáticamente en presa fácil del error, del uso, del abuso, de la seducción, del engaño y del peligro. Es por eso que los padres de adolescentes <u>tienen que asumir esta gran responsabilidad</u> de encausarlos al bien y protegerlos del mal. **Tendrán que amaestrar nuevos dones de crianza especializada, para**

supervisar sin ahogar, argumentar sin polarizar, y guiar sin esclavizar. El reto será de escoltar a sus hijos adolescentes en esta difícil transición sin estorbarles en su adaptación y confianza en sí mismos.

Los padres tenemos razones de qué preocuparnos. Las estadísticas asustan. De los 28 millones de adolescentes que viven en los Estados Unidos de Norteamérica, para tomar a este país de ejemplo, **diariamente**:

1– 1,000 adolescentes solteras se convierten en madres

2– 1,106 adolescentes tienen un aborto

3– 4,219 adolescentes contraen enfermedades venéreas

4– 500 adolescentes comienzan a usar drogas

5– 1,000 adolescentes empiezan a tomar bebidas alcohólicas

6– 3,160 adolescentes son asaltados

7– 80 son violados

8– 2,200 adolescentes abandonan sus estudios

9– 2,750 jóvenes ven a sus padres separarse o divorciarse

10– 6 adolescentes se suicidan

11– 2,200 adolescentes abandonan sus estudios

12– 90 niños son tomados de la custodia de sus padres y colocados en hogares temporales.

Estas experiencias son el producto de jóvenes arriesgados, padres desconectados, sociedad irresponsable, estilos de vida seductores y abundancia de elementos de corrupción.

Los grandes enemigos de una adolescencia sana

1- Acceso fácil a la droga, el alcohol, y a la promiscuidad sexual.
2- Fácil movilidad.
3- Comunicación virtual indiscriminada en las redes.
4- Choques culturales en la familia multicultural.
5- Falta de autoridad moral en los padres que facilita la actitud desafiante de los hijos.

6- Crecer en una sociedad y cultura irreverente a la autoridad y a la religión.

7- Medios de comunicación que indoctrinan hacia el desorden, la ilegalidad, la mediocridad, la falta de valores y la poca educación.

8- Ansias desmedidas de liberarse indisciplinadamente.

9- Sobre estimulación neurológica proveniente de la música moderna, el ruido en el exterior, y los juegos virtuales.

10- Sentido de merecimiento o privilegios sin sacrificios o sin costo personal.

Trastornos emocionales o psicológicos más comunes en los adolescentes

El investigador principal Jean Twenge, autor del libro "iGen" y profesor de psicología en la Universidad Estatal de San Diego, asegura que más adolescentes y adultos jóvenes a finales de la década de 2010, en comparación con mediados de la década de 2000, experimentan graves angustias psicológicas, depresión mayor y más intentos de suicidio. Estas tendencias son débiles o inexistentes entre los adultos de 26 años o más. En los últimos 10 años se ha documentado un aumento del 37% en los casos de depresión en adolescentes y 450% de aumento en el consumo de drogas ilegales. Otras condiciones notables son: altos niveles de ira, bipolarismo, agresividad, abuso físico y verbal, trastorno desafiante oposicional, problemas de concentración y memoria, aumento en anomalías sexuales, y conductas antisociales. En cualquiera de estos casos será importante buscar una evaluación psicológica y comenzar terapias o un programa de consejería y modificación de conducta bajo la orientación de un profesional de la salud mental.

Técnicas para los padres en la crianza de sus hijos adolescentes.

En el capítulo de la Crianza Efectiva, profundizaremos más sobre las técnicas más favorables en la formación de hijos de todas las edades. Estas son imprescindibles en la crianza de adolescentes.

1- Restaurar el orden jerárquico en el hogar. La autoridad parental debe ser siempre comunicada claramente y *nunca* relegada. Los hijos tienen que aprender a reconocer quienes son los que toman decisiones, organizan la vida hogareña, y deciden con eficacia e información adecuada el curso a seguir en la formación de todos. Las reglas son para obedecerlas y no para ignorarlas. Los hijos son amados y respetados, pero *son los padres* los designados dueños y jefes del hogar. Hay decisiones triviales que se pueden llevar a votación, pero hay otras que no se subastan. Si los padres no están al mando de los reglamentos en la casa, los hijos se desorganizan, se confunden, y en el afán de buscar su independencia, encontrarán más bien su perdición.

2- <u>Administrar balanceadamente el premio y la consecuencia</u>. Los hijos severamente castigados por todo *se rebelarán*. Los hijos nunca castigados y solo premiados *se malcriarán*. Los hijos siempre premiados en lo correcto, y llevados a enfrentar las consecuencias do lo incorrecto son los que *se desarrollarán socialmente íntegros*. Los adolescentes responden mejor al premio de la buena conducta que al castigo de la mala conducta. El reto de los padres es encontrar un *balance perfecto*.

3- <u>Negociar efectivamente los cambios y nuevas pruebas de confianza</u>. Los adolescentes primero preguntarán, *¿por qué, o por qué no?*, antes de cumplir calladamente una orden. En el esfuerzo de conceder nuevas libertades, los padres necesitarán amaestrar el don de ceder con medida y poner a prueba cada confianza concedida. "Vamos a probar si te podremos confiar un teléfono celular, o las llaves del carro, o estar en un noviazgo a tu edad, o si podrás llegar dos horas más tarde de lo ya establecido". Todo entra en un trato de *libertad condicional.* ¿Cuándo se convertirá en la nueva regla? Cuando demuestren que son confiables durante todo el tiempo de prueba, se harán nuevas concesiones.

4- <u>Asegurar la formación moral de los hijos adolescentes</u>. No todo lo que es legal es moral. No porque todos lo hacen, todos podemos o debemos de hacerlo. Los hijos deben de aprender a autocensurarse con una brújula interior que les ayude a reconocer entre lo inapropiado, lo incorrecto, lo dañino, lo abusivo, lo fraudulento, lo ilegal y lo que es maléfico o malvado. ¿Cuáles son las consecuencias físicas, económicas, sociales y legales de la mala conducta? ¿Qué verdaderamente les puede suceder si manejan intoxicados, si abusan sexualmente a una joven, si consumen o venden drogas, si agreden físicamente a otros, si no terminan los estudios, si roban lo que no les pertenece, si inducen a otros a hacer el mal? ¿Están informados y conscientes de las consecuencias reales de los malos actos?

5- <u>Enseñar y exigir respeto</u>. El respeto es una calle de dos vías. Nadie en el hogar será exonerado de no respetar y ser respetado. Una de las enseñanzas más importantes que se llevarán como herramienta social eficaz es cementar reglas de respeto y consideración intrafamiliar, las cuales determinarán sus futuros alcances sociales y profesionales. En la escuela, en el equipo de deportes, en el mundo laboral y en sus futuras familias, con los más jóvenes hasta con los más ancianos, *la regla de oro* será el respeto mutuo, el respeto a la autoridad, a las normas y leyes de la comunidad o sociedad, que asegurarán la convivencia armoniosa, la mutua aceptación y la fraternidad.

El joven debe de estar consciente de que todas las decisiones o conductas que se toman traen sus consecuencias favorables o desfavorables. Aunque parezca difícil de comprender, la adolescencia es la etapa menos disfrutada, y en muchos casos, la más conflictiva. Se darán cambios en las relaciones de la familia, las amistadas también cambian, se sentirán emociones nuevas y fuertes, se malinterpretará la vida como injusta y a los adultos como intransigentes, los padres sustituyen el cariño incondicional por el miedo irracional, y las sensibilidades se viven con intensidad en la soledad de sentirse seres incomprendidos.

En un hogar convertido en *universidad de la vida*, los padres también son alumnos. Ellos tendrán que mantenerse siempre informados antes de que empiecen a surgir los problemas y los desarmen por falta de preparación. Mantenerse conectados emocionalmente conseguirá detectar los cambios a tiempo, y administrar la enseñanza y tratamiento más discernido y efectivo. Darle libertad a hijos que consideramos inmaduros e incapaces de protegerse, es motivo de gran preocupación y lo que conseguirá más bien es una crianza exageradamente estricta y controladora. Los adolescentes necesitan empezar a conocer nuevos grados de libertad sin sentir tanta desconfianza de parte de sus padres hacia ellos. *El secreto estará en el arte de la negociación eficaz, la supervisión constante y el amor incondicional.* Los diálogos abiertos y sinceros, los lenguajes de cariño y los estímulos y motivaciones hacia la superación personal no pueden faltar. Pedir y respetar sus opiniones será importante, pero sin sustituir la autoridad parental. Será durante la adolescencia cuando casi todos deciden sus futuros. Padres, ¡asegúrense que sus hijos estarán en las mejores condiciones para escoger lo más beneficioso y correcto!

Capítulo 7
HIJOS INGOBERNABLES

Proverbios 29, 15

"Disciplinar a un niño produce sabiduría, pero un hijo sin disciplina avergüenza a su madre."

Fotografía por Mean Shadows

Cuando desacuerdos triviales se convierten en verdaderos conflictos y constantes encontronazos, tenemos un serio problema. Si niños y jóvenes tratan de desautorizar a los padres imponiendo sus caprichos, intimidando y manipulando las sensibilidades parentales con berrinches y actitudes desafiantes, están tratando de conseguirse a la fuerza *padres confeccionados a su medida*. Quieren una transferencia de poder, y usualmente, el que más grita consigue silenciar y desarmar a los demás. Ante la conmoción que esto produce, los padres se hieren, se confunden y desorganizan. Los niveles de frustración se elevan y los diálogos son totalmente polarizados. La comunicación se convierte en palabras abusivas, muecas, gestos agresivos y despreciativos.

¿Cuándo permitimos que todo empeorara a este nivel? Quizás pensábamos que se trataba de una etapa, y se les pasaría. O quizás cuando los pequeños desafíos fueron escalando hasta convertirse en patrones insoportables, los padres no actuamos a tiempo para imponer *el orden jerárquico* en la convivencia familiar. Los padres no comunicaban ni imponían reglas, sino que pedían permiso y favores a sus hijos para que los respetaran como padres y los trataran bien. *¿Por qué me dices eso? ¿Por qué no haces lo que te pido? "Hazme el favor, y pórtate bien porque tu comportamiento me hace mal"*. No se dieron las explicaciones sensatas ni se habló de consecuencias directamente relacionadas a sus conductas inapropiadas. Los castigos fueron solo amenazas y no prácticas consistentes, y la comunicación cariñosa fue diluyéndose u olvidándose. Las veces que el joven puso a prueba la resistencia de los padres, se dio cuenta que estaba tratando con seres manipulables y ahora sabe que puede hacer lo que le viene en gana pues logró destronarlos.

Cuando un hijo es ansioso, hiperactivo o depresivo por naturaleza, desde la infancia su conducta va a dar señales de cierta rebeldía, desobediencia, mal humor, falta de colaboración o insensibilidad. Cuando estos comportamientos primerizos **no son corregidos** a tiempo, esas señales evolucionan hasta convertirse en conductas seriamente antisociales y a veces socio- páticas. **Los hijos ingobernables** son los *terroristas domésticos* quienes, por sus reacciones sumamente agresivas y explosivas, sus expresiones bipolares, por no tener control de sus niveles de ira, por incluso manifestar síntomas de trastorno desafiante oposicional, desestabilizan la convivencia familiar, y ocasionan daño emocional y psicológico a sus padres y hermanos desarmados de técnicas para poder controlarlos. Si hay abuso físico y psicológico, amenazas de violencia, asaltos, destrucción de propiedad, victimización, robo, o peligro de que alguien se haga daño, *entonces ya pasamos de la mala conducta a la patología mental*. Por más que los padres le hablen y traten de hacerlo cambiar, el joven ignorará las reglas y advertencias pues ha perdido el control sobre sus emociones y conductas y no se puede autorregular. Además, le ha perdido el respeto a todos los que le quieren someter. El enfrentamiento se convierte en una competencia del que más grita; sus palabras pueden ser sumamente ofensivas e irrespetuosas, y lo más triste es que actúan como si no les importara hacer sufrir a los demás.

Si esta es la personalidad y conducta de un infante o niño, es porque *usualmente* son los síntomas del trastorno de déficit de atención con hiperactividad, o una de las condiciones del espectro autista. Si se trata de adolescentes o jóvenes adultos, *usualmente* estos comportamientos están relacionados no solo con el desorden de la personalidad sino también al consumo de drogas o alcohol en combinación con la condición psicológica. Además, estos jóvenes usualmente se juntan con otros iguales a ellos y repiten y modelan comportamientos semejantes.

Los padres deben de preguntarse en estos casos: ¿está mi hogar seguro? No estará seguro si los padres cansados y frustrados relegan totalmente el control y la autoridad; si los hijos ingobernables se siguen saliendo con las suyas al conseguir lo que buscan con sus gritos y amenazas; si otros miembros en la familia responden con igual violencia; si los padres solo se han armado de paciencia y *no* de información, valentía y decisión.

Recomendaciones

1- Consejería individual para asesorar el nivel de daño o trauma, evaluar rasgos de la personalidad y diseñar un tratamiento adecuado a la edad que a veces implicará el uso de medicamentos por un tiempo prudente, y bajo supervisión psiquiátrica.

2- Consejería individual para evaluar y resolver condiciones de iras enraizadas, sentimientos suprimidos, depresión infantil o juvenil, ansiedad, hiperactividad, bipolarismo, desórdenes psicoafectivos, etc. *Si estos casos no se tratan con profesionales de la salud mental, los intentos de disciplinar y hacer cambiar a los hijos afectados serán inútiles. Esos cerebros están agotados de los nutrientes y químicos necesarios para lograr la autorregulación emocional.*

3- Consejería familiar para ofrecer a todos en la familia la oportunidad de tratar sus experiencias traumáticas vividas en proximidad con el paciente.

4- Consejería familiar para aprender técnicas de modificación de conducta y crianza efectiva a los padres y cuidadores.

5- Hacer pruebas esporádicas de consumo de alcohol, marihuana u otras drogas.

6- Planificar nuevas pautas y reglamentos adheridos a un sistema de recompensa y consecuencias. Añadir *estructura* consistente en el hogar; horarios fijos para tiempos de estudio, alimentación, quehaceres, responsabilidades, y entretenimiento.

7- Ampliar los horarios de comunicación, deportes, ejercicios, y convivencia familiar.

8- Trabajar en tener una consideración y expresión positiva y tranquila al hablar con los hijos. Evitar el sonar siempre frustrados y enojados todo el tiempo.

9- Hacer una lista de lo **prohibido** de ahora en adelante en el hogar: malas palabras, pornografía, bebidas alcohólicas, drogas, fiestas no supervisadas, amigos o amigas que se quedan a dormir, salidas muy tarde en las noches, etc. Nunca permitir que los hijos hablen irrespetuosamente a los adultos en sus vidas, porque, para empezar, no son iguales.

10- Ofrecer *recompensas cotizadas* por cada cambio o mejoramiento. Recordemos que, con hijos sumamente rebeldes, el castigo pocas veces funciona; los padres se convierten en los ogros y verdugos, y los hijos en sus víctimas. Recompensar y premiar los cambios positivos es más eficaz.

11- Supervisar más cercanamente a los hijos, utilizando programas celulares o digitales que bloqueen páginas de adultos, de violencia, etc. Atreverse a esculcar bolsillos y gavetas.

12- Hablar con los maestros, entrenadores y los padres de los amigos para compaginar ideas y planes en conjunto.

13- Si el joven se hace daño o intenta hacerles daño a otras personas, considerar seriamente el recluirlo en un centro de atención psiquiátrica, o en casos extremos, inscribirlo en uno de los famosos *boot camp*, campamentos de varias semanas donde serán disciplinados y atendidos día y noche por estrictos entrenadores y consejeros en un programa aislado e intenso para conseguir máximos resultados de modificación de conductas.

14- En casos más extremos todavía, si hay ilegalidades envueltas, los padres deberán de armarse de valor y reportar a las autoridades hasta conseguir que el joven visite un centro de detención o cárcel de jóvenes, aunque sea por unos días, para que una autoridad mayor a la de sus padres (la policía, el juez), y una experiencia intimidante (la cárcel o detención), traten de presionarle al cambio y corrección.

Cuando hay que tomar medidas drásticas, tenemos que pensar que por más difíciles que sean, peores serán las consecuencias si no hacemos nada. Además de programar estos cambios, los padres van a tener que convertirse en los guardianes absolutos de los hijos con problemas, sacrificando tiempos de descanso, finanzas, y hacer otras renuncias para invertirse incondicionalmente en ellos, sin abandonar física o emocionalmente a los otros hijos o miembros del hogar. Recordemos que *ante problemas difíciles no hay soluciones fáciles.* Estos jóvenes necesitan más que disciplina; necesitan estructura, organización, nuevos límites supervisados, tratamiento regular, como también nuevas ilusiones, **religión,** nuevos amigos, nuevos estilos de vida y cambios trascendentales y significativos.

Proverbios 3, 11-12

"Hijo mío, no desprecies la disciplina del Señor, ni te ofendas por sus reprensiones. Porque el Señor disciplina a los que ama, como corrige un padre a su hijo querido."

Capítulo 8
PROTEGIENDO Y LIBERANDO A LOS HIJOS DE LAS ADICCIONES

Fotografía por Greta Schölderle

Efesios 5, 18

No se embriaguen con vino. Antes bien, llénense del Espíritu Santo.

El consumo de substancias adictivas es una de las mayores preocupaciones de los padres en estos tiempos, especialmente por la accesibilidad de éstas en los estilos de vida de hoy. Los padres necesitan tener más información para dialogar con ellos de una manera más creíble y convincente. En las fiestas casi todo mundo bebe, y en el colegio prácticamente todos los jóvenes experimentan con alcohol y drogas.

Además, el querer participar de lo prohibido tiene su atractivo en la mente de un joven: forma parte de los comportamientos arriesgados y clandestinos que tanto fascinan a los adolescentes y que responden a esos impulsos de querer liberarse del control absoluto de los padres.

Los jóvenes hoy día están rodeados de una insistente invasión sensorial que los medios y la cultura moderna tan efectivamente normaliza y moviliza para adoctrinar hacia sus novedosas modalidades, hasta transformarnos en *adictos al placer*, sin importar qué o quién lo va a satisfacer. La relatividad del pecado y la maldad, y la irresponsabilidad social de *pintar de glamoroso* e interesante al personaje rebelde, al adicto, al mafioso, al que se enriquece sin importar los medios, son otros colaboradores visuales y auditivos que siguen machacando el mensaje de relatividad moral.

Las adicciones son diversas, pero enfoquémonos en las más prevalentes que son el alcohol y las drogas. La realidad es que una adicción no es un pasatiempo, ni algo pasajero ni superable para muchos. En Estados Unidos, el 85% de los adolescentes han consumido substancias adictivas alguna vez. De estos, el 70% seguirá consumiendo socialmente, y el 8% se convertirá en adicto, y a veces de por vida. El tal *high* temporero se puede llegar a convertir en una atadura y esclavitud debilitante y agonizante. Ese 8% representa a cientos de miles de jóvenes quienes cambiarán sus personalidades y posibilidades, hasta sabotearse de un futuro sano. Ya no serán los mismos hijos, hermanos o amigos; se quedarán perdidos en aquel laberinto de dolor, en aquel quebranto incitado por el primer amigo que logró reclutarlos al vicio. Ya no les podremos hablar igual, disciplinar o encausar como cuando eran sanos. *Tienen otro cerebro*, un cerebro **rehén de la substancia** que los esclaviza con otras necesidades y otras preferencias. La brújula de su vida apunta a otro horizonte. Ya ni siquiera buscarán la sustancia para sentirse bien: la buscarán para *no* sentirse miserables por no tener a la mano lo que los domina y tanto necesitan. Cuando niños pensaban, *¿seré médico, abogado, comerciante?* Ninguno dijo, "cuando crezca quiero ser un adicto". Ahora sus energías físicas y emocionales estarán invertidas, no en prosperar sino en *no* morir, en *no* caer más abajo, y en buscar satisfacer su vicio, aunque sea desmantelando la vida. Es caer en el engaño rapaz de la peor transacción y la más fraudulenta de la vida: intercambiar una vida por un vicio.

Perder a los hijos en adicciones es también para los padres perder la serenidad y previsibilidad de la vida como la conocían antes. Para algunos será el equivalente de vivir un doloroso duelo, o experimentar el horror de una adversidad que se quedará con todo, y de lo cual pocos se recuperarán. Por todas estas razones, los padres tenemos que informarnos e informarles a ellos sobre la verdad de las adicciones y el daño devorador que significaría para todos en la familia si *no* nos protegemos padres e hijos de esta horrible aflicción.

Definiendo la Adicción

En los campos de la medicina y la psicología, la adicción es definida como una dependencia prolongada que ha ido en aumento; que controla la mente y la conducta de una forma disruptiva y perturbadora; que lleva al descontrol e interrumpe el funcionamiento normal del usuario o adicto, alterando el sistema nervioso, afectando relaciones sociales y familiares, transformando caracteres y personalidades, y causando trastornos mentales además de condiciones o enfermedades físicas. En la vida espiritual algunos lo consideran como atadura moral, ataque diabólico, enfermedad del alma, y pecado mortal.

Las adicciones transforman identidades y cambian vidas. Al secuestrar el cerebro y manipular los instintos, interrumpen el curso normal del crecimiento humano. En el caso de los adolescentes cuyos cerebros todavía están en desarrollo hasta los 25 años de edad, la intoxicación es mucho más peligrosa que en adultos. El lóbulo prefrontal (el cerebro ejecutivo) que es la zona encargada del control y el juicio analítico, todavía está subdesarrollado. El joven todavía no tiene todas las capacidades necesarias para calcular el nivel de peligro a lo que está expuesto para controlarse a tiempo.

Señales de que sus hijos están consumiendo sustancias adictivas.

- Descuido en el aseo personal.
- Cambios notables en estados de ánimo: demasiado de lento o demasiado de hiperactivo.
- Disminución del rendimiento académico, poca concentración, problemas de la memoria; preferencia por faltar a clases.
- Pérdida de interés en actividades que antes le entusiasmaban o eran sus favoritas.
- Cambios en los hábitos de alimentación, niveles de actividad física o deportiva.
- Sueño interrumpido; desvelado o duerme demasiado.
- Mal humor, carácter despectivo o agresivo.
- Deterioro de las relaciones con familiares y amigos.

¿Por qué mis hijos?

Muchos padres reclaman que ellos no dieron mal ejemplo, ni en sus hogares se han dado razones de peso para que sus hijos se conviertan en adictos de la droga o alcohol. Los estudios muestran que hay un elemento genético que no se puede ignorar, especialmente porque se ha demostrado que hasta un 60% de hijos de adictos pudieran llegar a ser adictos también. Es importante aclarar que lo que se hereda en estos casos es la tendencia adictiva, pero que ultimadamente cada individuo decidirá si seguirla o llevarle la contraria. También hay herencias sociales de imágenes y costumbres tan vistas y modeladas a lo largo de la crianza, que se convierten en estilos de vida normalizados y justificados.

Cada joven tiene diferentes razones para iniciarse en conductas dañinas o adictivas, pero hay varias razones universales por las que los adolescentes prueban o abusan el alcohol y las drogas.

La cultura juvenil gira bastante en torno a conductas descontroladas a arriesgadas. En las actividades sociales de jóvenes (especialmente sin la supervisión de adultos) se acostumbra mucho el beber cerveza y fumar marihuana. Los jóvenes consumen un tipo de entretenimiento, sea de juegos virtuales o películas, lleno de imágenes normalizadas de intoxicación y de descontrol, y se presenta el alcohol y drogas como productos cotizados y aceptables, sin estigmas ni tabús. Un interesante estudio sobre los jóvenes a quienes se les permite ver películas con calificación "R" (no aptas para menores de 17 años sin la compañía de un adulto) demostró que el ir a ver estas películas es proporcional a un consumo mayor de cigarrillos, marihuana y alcohol de hasta *siete veces más* en comparación con jóvenes que no ven películas con esta clasificación.

En general, jóvenes y adultos pueden usar la intoxicación como escape y auto sedación. La diferencia está en que, cuando un adulto enfrenta un problema, tiene más recursos de canalizar, analizar y buscar ayuda apropiada, mientras que los jóvenes se sentirán más abrumados y desarmados. Por esta razón el estar emocionalmente perturbado es más conductivo en el joven para auto sedarse de la forma más fácil y rápida posible.

La adolescencia se vive entre cambios hormonales y adaptaciones sociales que conducen a la sobre exaltación. Es muy fácil para los jóvenes el sentirse aburridos pues la monotonía de la vida no les produce el nivel de emoción que quisieran. El error de los padres es pensar que a los hijos hay que mantenerlos siempre entretenidos. Estas costumbres interfieren con los procesos neurológicos encargados de la dinámica balanceada entre la recompensa versus el esfuerzo. Un joven que se acostumbra a estar siempre entretenido o buscar divertirse, será candidato fácil de las adicciones. Un joven que no sabe esperar por una recompensa o una sensación favorable aprenderá a encontrar una rápida gratificación al alcance de sus manos con el uso de sustancias.

Los sentimientos de rebeldía, inconformidad, rechazo hacia los padres, resentimientos, son venenos emocionales que, no solamente producen altos niveles de ansiedad, sino que, al combinarse con el consumo de sustancias, son liberados y potenciados en su máxima expresión. Jóvenes rebeldes intoxicados, serán doblemente agresivos y violentos. El alcohol o la marihuana *no* siempre sirven de calmantes: en muchas personas también producen un efecto contrario de más agresividad y exaltación. Bajo la influencia del alcohol o drogas se comenten muchos más crímenes: 30% más de violaciones, 23% más de robos, y 25% más de asaltos.

Tomando todo esto en cuenta, la razón principal de las adicciones es la falta de información correcta que capacite a las posibles víctimas a tomar mejores decisiones en sus vidas. Los padres tienen que ser esos maestros y guías y no exponer a sus hijos a estilos de vida dañinos, sin supervisión ni corrección. El pensar que pueden experimentar pues están en esa etapa cuando todos prueban, es un error que puede traer grandes consecuencias. Cuando emparejamos un joven con posibles herencias a la adicción y criado en un hogar con problemas disfuncionales y bajo la tutela de padres desconectados o indiferentes, tenemos la receta perfecta, o la tormenta perfecta, para que este joven sea presa fácil de un vicio destructivo.

Todos somos afectados

Muchas veces el adicto es incapaz de amar a otras personas más que a su vicio. Vivir con un adicto es vivir en un vacío de amor y en un constante estado de estrés por sus conductas aberrantes y abusivas. Los que viven con el adicto desarrollarán baja autoestima, desgaste emocional, depresión, letargo, sentido de impotencia, ansiedad crónica, y un alto nivel de *infelicidad*. Además de las alteraciones casi diarias en el sistema nervioso, serán más propensos a padecer de migrañas, alta tensión, problemas cardiacos, úlceras y fibromialgia.

Algunos padres viven muy atemorizados que los hijos adictos terminen viviendo en la calle, que se asocien con pandillas, que se suiciden, y por lo tanto los aceptan en sus casas sin ponerles límites ni condiciones. Al hacerlo se convierten en facilitadores o habilitadores del vicio y sus consecuencias. Esta complicidad los lleva a sentirse sumamente culpables, sobre todo cuando las condiciones del adicto se empeoran.

¿Por qué es tan fácil caer en una adicción?

En el mundo de hoy hay 200 millones de drogadictos y 2 billones de alcohólicos. Es un gran negocio billonario para los que mercadean con la salud y el bienestar físico y psicológico de otros seres humanos. Las campañas seductoras al consumo o al vicio son sutiles e indirectas, o bien directas y descaradas. Mientras más joven sea el individuo en el momento de comenzar el consumo de una substancia adictiva, tendrá mucha más posibilidad de convertirse en un adicto de por vida. Sus frágiles y subdesarrollados cerebros en procesos de formación comenzarán a relacionarse con el vicio y sus conductas adyacentes desde muy temprana edad, creando *tatuajes psicológicos permanentes*, conexiones neurológicas y actividad neuro química que se diseñarán y afianzarán para el resto de la vida. La corteza prefrontal, encargada del control de la sobre indulgencia, todavía carece de los mecanismos apropiados para regular y moderar los impulsos hacia el placer. Si está consumiendo substancias adictivas, el cerebro de ese joven terminará de conectarse con esa información tóxica hasta convertirse en el cerebro de un adicto. Un cerebro más maduro y desarrollado no correrá los mismos riesgos de definirse en torno a la adicción. **Con más razón los padres tienen que custodiar y supervisar a sus niños y preadolescentes con ardor vigilante,** y hasta más que a los hijos de más edad.

Las drogas y el alcohol son un atajo para llegar a los reactores de placer de forma más rápida y aventajada. Demasiado consumo satura, abruma, y agota el sistema de placer del cerebro. Algo se ha manipulado y **el cerebro está cambiado:** para el usuario frecuente o abusador de estas sustancias no naturales, nada más traerá este nivel de placer con tanta rapidez. Ahora es *rehén* de su vicio. Una contra reacción irónica comienza a tener lugar: la sustancia originalmente consumida para aliviar el estrés ahora producirá más estrés, y la persona necesita más y más, creando el ciclo de adicción.

A pesar de que el abuso de sustancias no selecciona ni discrimina cuando se trata de reclutar a usuarios, ciertas minorías raciales, particularmente los hispanos, demuestran una incidencia desproporcionada de alcoholismo y problemas relacionados con las drogas, especialmente en jóvenes adultos. Según las investigaciones más recientes y actuales, en algunas ciudades de la nación, la población hispana se ha convertido en la segunda minoría racial de mayor consumo de alcohol y drogas en Estados Unidos.

La tendencia a la adicción también dependerá mucho de la cultura personal, naturaleza del individuo, temperamento, idiosincrasia y mentalidad que pretende que la vida le produzca un surtido de experiencias emocionantes que producen sensaciones parecidas al efecto de un narcótico. Muchos adictos muestran tener poco sentido de sacrificio, renuncia, compromiso a largo plazo, paciencia para la espera de resultados, y poca sensibilidad hacia el sufrimiento ajeno. En casos extremos, después de muchas recaídas e intentos fallidos de rehabilitación, algunos adictos se desearán la muerte como única salida de sus ataduras. Sin duda la adicción es también usada como un intento inconsciente de auto destrucción.

Padres, no permitan, no consientan ni habiliten el vicio de sus hijos.

Los padres que también se alcoholizan o endrogan, estarán desconectados de la realidad circundante. Además, producen ejemplos que serán modelados, y al perder la credibilidad ante sus hijos, perderán también su autoridad de disciplinarlos. Los vicios no pueden encontrar excusas ni justificaciones en el hogar. Las dinámicas inapropiadas que se crean al convivir con un adicto serán de codependencias saboteadoras, culpabilidad, manipulación, abuso, sadismos, engaños, narcisismos, conductas antisociales y psicópatas. Sería mucho más fácil *tirar la toalla*; es muy complicado desarmar todo ese engranaje de daño y dolor. Sin embargo, renunciar solo significa prolongar y conseguirnos 20 o 30 años más de sufrimiento, si no hacemos algo con decisión y radicalidad. ¡Por más difícil que sea hacer los cambios, más difícil será vivir sin hacerlos!

La verdad sobre la marihuana

¿A cuántos jóvenes habremos escuchado decir que la marihuana no hace daño pues peor es el alcohol u otras drogas? Los defensores de la marihuana medicinal no hablan con la verdad al esconder una importante información: solo el 6% de los usuarios reportan mejorías en sus problemas médicos. El 94% del uso de la marihuana es recreacional, y en muchos de esos casos, dejó de ser recreacional desde el momento en que se convirtió en sustancia adictiva. En los años 70's, la marihuana contenía un 2% de THC, el componente principal psicoactivo del cannabis. En el año 2019, el nivel de

THC en la marihuana es del 25%, convirtiendo la marihuana que se consume hoy en un producto 10 veces más fuerte que la de los años de los *hippies*.

La Academia Nacional de Medicina en Estados Unidos condujo un estudio riguroso ofreciendo evidencias que la marihuana causa esquizofrenia, empeora los síntomas e incidencias de los trastornos bipolares, aumenta la ideación suicida al incrementar la depresión, y trastorna los estados de ánimo. Además, el consumo usual de marihuana deteriora procesos cognitivos importantes como capacidades de análisis, alteración de la percepción, concentración, produciendo lo que comúnmente conocemos como el *cerebro vago*. En el cerebro de los varones se ha notado un aumento de hasta cinco veces más de propencidad para cometer crímenes de violencia, incluyendo un 45% de aumento en casos de violencia doméstica entre los usuarios. En las mujeres, todos estos daños se pueden manifestar, además de que la marihuana puede ser responsable de diversos defectos de nacimiento en bebés recién nacidos.

Conducir bajo la influencia de la marihuana aumenta las posibilidades de estar en accidentes automovilísticos debido a las funciones cerebrales deterioradas y los reflejos comprometidos. El uso continuado no sólo puede conducir a la dependencia, también sirve de puente para consumo de otras drogas como la cocaína u opio.

En un alarmante estudio publicado por un grupo importante de psiquiatras, se afirmó que el uso regular de marihuana **duplica a largo plazo el riesgo de desarrollar un episodio psicótico o esquizofrénico**. Esto podría atribuirse al hecho de que el cannabis de hoy en día consiste en alrededor de unos 400 compuestos químicos que entran rápidamente en el torrente sanguíneo y luego se transportan directamente primero al cerebro, y luego a otras partes del cuerpo. El THC es el principal ingrediente psicoactivo y su uso regular interfiere con la emoción, el placer, la memoria, el pensamiento, la concentración y la percepción sensorial.

La marihuana es utilizada por 60% de adictos como su única droga, y 76% como droga adicional.

Hablarle a los hijos de las consecuencias

1. El suicidio se ha convertido en la segunda causa de muerte entre las personas de entre 10 y 34 años, y el uso de la marihuana aumenta la ideación suicida en el usuario.
2. El uso de la marihuana puede traer problemas económicos, laborales y legales. Muchos usuarios reportan altas incidencias de ausencia en los trabajos, como también inestabilidad laboral pues se enfadan de sus oficios o son despedidos con regularidad. Cuando hay antecedentes penales sobre todo porque el uso sigue siendo ilegal en muchos lugares, el joven tendrá un historial criminal en su expediente limitando su potencial profesional y económico. Hay profesiones muy reguladas en cuanto a antecedentes penales o criminales. En

Estados Unidos hay casi 2 millones de convictos por drogas y en algunos sectores de ciudades importantes, el 95% de crímenes son cometidos por adictos.

3. La aceptación social y comunitaria se pone en riesgo, el ser aceptado o rechazado en grupos de amigos o asociaciones de prestigio se verá limitado y las relaciones personales o románticas sufrirán cambios adversos.

4. Algunos países pueden negarse a darle una visa a una persona si tiene antecedentes penales, limitando sus posibilidades de viajar libremente.

5. La salud física es notablemente afectada, a veces los usuarios suben mucho de peso, o comprometen sus sistemas inmunológicos y se enferman más fácilmente de diversas condiciones.

6. El coeficiente de inteligencia del usuario baja notablemente.

7. Aparecen disfunciones y trastornos psicológicos y psicosociales que antes no se manifestaban en el individuo.

¿Qué hacemos? Soluciones concretas:

1. Atender los problemas emocionales primero, para corregir el cerebro de su disfunción y lograr que el paciente colabore con las propuestas de cambio con más lucidez y entendimiento. Tratar la depresión, la ansiedad, problemas de personalidad y todo aspecto emocional y psicológico que silenciosa o activamente esté propiciando o auspiciando la adicción. Muchos psiquiatras recomendarán el uso de medicinas para combatir condiciones crónicas y revitalizar el cerebro.

2. Poner nuevo límites y condiciones, ultimátum definitivo que saquen al indeciso de su ambivalencia o

comodidad y lo presionen a aceptar ayuda. No seguir permitiendo las conductas disfuncionales. *Basta ya, hasta aquí, ya no más.*

3. Buscar ayuda con grupos especializados. Abundan estas ayudas en todas las ciudades importantes de cada nación. Buscar grupos de apoyo, grupos de fe y de iglesia, grupos de amigos que respalden el cambio y alejar a aquellos que pueden sabotear el cambio.

4. Estudiar, informarse, invertirse, comprometerse. Asistir a terapias individuales o de grupo hasta lograr un cambio de paradigma y de percepción en relación con el vicio: el alcohol o las drogas no son mis compañeros de parranda, mi escape, mi paño de lágrimas. ¡Son mis peores enemigos saqueadores que me han robado de tanto en la vida! Son la causa de mis fracasos y mi falta de estabilidad y alegría.

5. Debilitar los lazos, el anhelo, el mito, la necesidad, y posicionar al vicio como un enemigo, y no como un aliado.

6. Utilizar intervenciones familiares pues son particularmente eficaces para revelar la realidad de la adicción, cuando todos los familiares y amigos importantes pueden comunicar al unísono un mensaje de heridas e inquietudes comunes. El asesoramiento familiar es particularmente eficaz en la contratación de una red de apoyo social que va a participar en el tratamiento mediante la realización de cambios, al no ser facilitadores, promoviendo atmósferas saludables. Promover y recompensar el cambio y abrazar la esperanza, deben ser parte de un nuevo lenguaje que todos, en el círculo íntimo, deben hablar. Un plan social íntegro debe incluir una red social inmediata y confiable que promueva la

supervisión, la responsabilidad, el acompañamiento y el apoyo moral.
7. Los nuevos amigos sanos deben reemplazar a los viejos amigos adictos. Los antiguos patrones de comportamiento, las costumbres y los hábitos de auto derrota deben ser reestructurados, y se deben proponer e introducir nuevos comportamientos adaptativos, con un sentido de compromiso y responsabilidad. Otras personas significativas que tienen problemas conductuales o psicológicos, o incluso adicciones, deben ser tratadas simultáneamente.
8. El vicio tiene que ser substituido. La vieja vida hay que desarmarla. Hay que diversificar las actividades de la vida para no dejar vacíos. Asociarse con vencedores, dedicarse al estudio, frecuentar centros, escuelas, grupos de apoyo, y, sobre todo, grupos de Iglesia

como grupos de oración, retiros y todo lo que promueva sanación y cambio de vida.

9. Recordar que para salir de un vicio no será suficiente contar con la buena voluntad y el deseo de cambio, sino también aprender destrezas de regulación emocional y resiliencia para enfrentar y sobrevivir las pruebas, el desaliento, y los fracasos.

10. Amar la libertad, cotizarla y protegerla para nunca ser esclavos de nada destructivo.

La gran ayuda de la fe

Las experiencias espirituales y la religión y la vida espiritual dan propósito y significado existencial a la vida. Además, está científicamente demostrado que añaden un bienestar y un sentido generalizado de paz y reconciliación gracias a la relación personal con Dios como nuestro Creador,

Padre y Salvador personal. Diversos estudios han podido demostrar la relación entre la fe y la religión con los intentos de rehabilitación: encontrar apoyo en un entorno religioso beneficia a esas personas con desorden depresivo y abuso de sustancias. La espiritualidad debe considerarse como un factor protector en el tratamiento de las adicciones. Las personas de fe tienen muchas más posibilidades de salir de sus vicios y permanecer limpios aún años después, que las personas que no creen en Dios y no practican ninguna religión.

Varios estudios también han podido afirmar cómo las creencias y experiencias religiosas se asocian con tasas más bajas de suicidio, menos ansiedad y depresión generalizadas, y una recuperación más rápida debido a estar asociadas con la esperanza, el optimismo, el mayor bienestar, propósito y significado, apoyo social y estabilidad marital. Esto podría atribuirse a una serie de factores, incluyendo, más responsabilidad, una red social fuerte, expectativas más altas, la espiritualización de los propósitos y experiencias de la vida, contando con una nueva fuente de fortaleza proveniente de un nuevo sentido de bienestar y de un "poder superior". El sentir que se cuenta con un suministro de fuerza sobrenatural a través de mensajes alentadores, nuevas relaciones y entornos saludables, proporciona propósito y auto valorización. Estas experiencias no sólo son muy eficaces para motivar el cambio, sino muy importantes en la etapa de mantenimiento del proceso de rehabilitación.

Juan 8, 36 A quienes el Hijo hace libres, serán libres de verdad.

Fotografía por Zulmaury Saavedra

Capítulo 8
LAS REDES SOCIALES
Y EL MUNDO DIGITAL

Fotografía por Hal Gatewood

La Asociación Americana de Psicología ha reportado que en los últimos 10 años las incidencias de desórdenes mentales en adolescentes y jóvenes adultos se ha duplicado. Entre los síntomas o patologías reportadas están la angustia psicológica, depresiones crónicas, y suicidio. Esto es muy alarmante. Muchos profesionales de la salud mental sospechan que la razón principal para este aumento es por el incremento en el uso de teléfonos celulares, juegos digitales y las redes sociales.

La gran explosión de la *cultura digital* coarta y limita la comunicación directa, abierta y sincera que tanto necesitamos para mantenernos regulados y desahogados. Al representarnos al mundo a través de un lente unidimensional, facilita el falsear nuestra verdadera identidad y nuestros verdaderos sentimientos. El énfasis es mayormente en el reconocimiento, al alago, el vociferar logros, hazañas, publicar aventuras arriesgadas, fotos arregladas, la popularidad, el sensacionalismo, y recibir la mayor cantidad de *"likes"* o *"me gusta"* posibles para sentirnos relevantes, aunque sea por unos minutos. Si conseguimos seguidores y admiradores con tan solo publicar fotos interesantes, no habrá necesidad de sacrificarnos en el amor y caridad ni de ser auténticos y genuinos con otros para ganarnos sus corazones o su legítima admiración.

Las redes sociales conectan a nuestros hijos con un mundo desconocido que les resulta cautivador y hasta seductor. Las vidas publicadas de muchos famosos o admirados, escena por escena, modelan conductas que quizás antes eran privadas o extrañas, y ahora son comunes y normalizadas. El adoctrinamiento rapaz de parte de los buitres de la inmoralidad humana encuentra víctimas fáciles de reclutar a través de mensajes enviados al por mayor, indiscriminadamente, a cualquier hora del día o noche. El joven que se sentía solo en un hogar de gente desconectada ahora encuentra a la mano incontables invitaciones de misteriosos extraños quienes aparentan ser más fáciles de alagar. Ahora los miembros de la familia nuclear son menos importantes y necesarios, y el mundo de afuera, más intrigante y atractivo.

Los teléfonos celulares nos tienen a la población en general, como a robots atontados e hipnotizados, incapaces de entablar conversaciones directas o profundizar en conversaciones interesantes de temas apremiantes más subjetivamente. Nuestros procesos cognitivos están siendo afectados severamente, ya que estamos silenciando áreas importantes del cerebro, como la capacidad de análisis, la profundización, la creatividad, la memoria, la elocuencia, la subjetividad, mientras sobrecargamos otras áreas dedicadas a comportamientos más automatizados o a emociones más superfluas. El coeficiente intelectual de la generación digital se está reduciendo significativamente. Es como si fuéramos al gimnasio para solo ejercitar los músculos del brazo derecho; con el resto del cuerpo desatendido, nuestros cuerpos parecerán deformes. Nuestros procesos cognitivos están siendo saboteados y deformados gracias a nuestra dependencia de la actividad digital.

Los juegos digitales o electrónicos producen hiperactividad cerebral semejante al síndrome de ADHD (el trastorno de déficit de atención con hiperactividad) especialmente si los juegos son intensos y violentos. La neuroquímica del cerebro está siendo muy alterada y el cerebro es engañado con imágenes y sensaciones que se sienten muy reales. Está demostrado que los niños que más participan de estos juegos exhiben más problemas de agresividad, de comportamiento indisciplinado, viven socialmente desconectados, y bajan significativamente su rendición escolar.

Los estudios muestran que los niños y preadolescentes invierten un promedio de 6 horas al día en las redes sociales o en el internet, y los adolescentes, de 8 a 9 horas al día. También ya ha sido medido, en términos generales, el tiempo dedicado en los hogares de hoy día, a las conversaciones entre padres e hijos: **7 minutos al día**. Varios pediatras y psiquiatras han mostrado su preocupación por esta ofuscación, casi adicción hacia la tecnología, que puede producir trastornos neurobiológicos y hormonales en estos cerebros inmaduros todavía en procesos de formación. Además, esto promueve la adquisición de malos hábitos de poca comunicación, menos lectura, menos tiempo dedicado a tareas, deportes y otros proyectos y responsabilidades. El uso extensivo de teléfonos inteligentes está también asociado con alteraciones nerviosas, baja autoestima, problemas de salud debido a la inactividad física, insomnio, y ansiedad social. El Dr. Michael Rich fundó la clínica

CIMAID, Clínica de Medios Interactivos y Trastornos de Internet en Boston MA (Clinic for Interactive Media and Internet Disorders) para ayudar a padres, maestros, pediatras y profesionales de la salud mental a entender y atender más exitosamente a jóvenes y adultos afectados por el uso obsesivo del internet, los teléfonos celulares y las redes sociales. Sus estudios también han demostrado conclusivamente cómo esta tecnología contribuye a la obesidad, ansiedad, problemas interrelaciónales, rendimiento académico, sobre todo, como conflige con el esfuerzo de muchos padres en implementar disciplina y organización en la vida de sus hijos. Hoy día, en promedio, 88% de los adolescentes tienen computadora o tableta, 95% tienen teléfonos celulares y 45% reportan estar conectados *constantemente.*

El *sexting*, o el enviar retratos de desnudos o mensajes de sexo por teléfono, es una nueva costumbre entre adolescentes, con 1 de cada 4 jóvenes participando, sin que sus padres estén percatados. Los jóvenes que participan en *sexting* exhiben muchas más posibilidades de participar en relaciones sexuales prematuras en comparación a aquellos que no. Un estudio reciente y alarmante indica que niños y niñas están ya participando en esta conducta desde los 11 años de edad.

El control de los celulares y el tiempo a permitirse en las redes sociales es tema de mucha controversia y disputa en los hogares. La mayoría de los padres de familia han facilitado el uso de teléfonos celulares y libre acceso a computadoras e internet a sus hijos, sin haber investigado las consecuencias. Muchos de los problemas en consejería familiar son sobre el tema de como restringir el uso del teléfono, sobre todo en los adolescentes; un tema muy contencioso. Hay jóvenes quienes han golpeado a sus padres o se han fugado de la casa porque les han quitado el teléfono celular.

Los estudios *no* proponen una edad específica cuando sea más seguro de confiarle un teléfono o acceso a computadoras a los hijos, pero en lo que sí casi todos los pediatras y psicólogos estamos de acuerdo es en comunicarles a los padres de familia que traten de postergar esta práctica lo más que puedan, y esperar a que sus adolescentes muestren más sentido de madurez, disciplina y autocensura.

Si ya hay problemas al respecto, estas sugerencias pueden resultar ser muy prácticas:

1. Conseguir una aplicación en todos los aparatos con conexión al internet que permitan el Control Parental que censuran páginas para adultos o de contenido sexual.
2. Obtener información comprensible para adultos de como operar paso a paso el proceso de censurar páginas indebidas en celulares y computadoras.
3. Poner límites claros y consistentes en cuanto a horarios de cuándo estará permitido el uso del teléfono o del juego digital, etc. Ser consistentes y absolutos en la observación de los horarios permitidos o restringidos.
4. Confiscar o apagar los teléfonos en la noche, después de una hora acordada.
5. Prohibir el uso de teléfonos celulares durante la comida u horarios de estudio.

6. No bloquear acceso a los padres a los teléfonos o computadoras de los niños y preadolescentes, y supervisar el uso de estos.
7. Planificar más actividades de familia que promuevan la conversación e interacción real, no virtual.
8. Comunicar claramente que el uso del teléfono celular será asesorado esporádicamente y en cualquier momento se pueden añadir más restricciones.
9. Si los hijos desafían el intento de los padres de limitar el uso del teléfono o del internet, obtener las aplicaciones o programas que interrumpen automáticamente la recepción durante ciertos horarios del día o de la noche, o simplemente desconectarlos manualmente.

Las relaciones interpersonales, los tratos humanos adecuados, y la comunicación abierta y directa, están siendo saboteadas por estas alternativas tecnológicas que producen ciertas sensaciones pero que limitan emociones más auténticas y representativas de la experiencia familiar. El felicitarnos en un cumpleaños o decirnos *buenas noches* a través de un texto jamás será un sustituto emocionalmente adecuado a expresiones auténticas, verbales y no-verbales, entre seres humanos. Mas bien, son prácticas emotivamente estériles y fugaces.

Aunque los tiempos cambian, hay ciertas costumbres que deben ser consistentes e importantes siempre: la comunicación sincera y directa entre las personas que conviven en un mismo hogar debe priorizarse por encima de cualquier otra novedad.

FOTOGRAFÍA POR ANDREW SEAMAN

Capítulo 10

CRIANZA EFICAZ
Disciplina que funciona

Fotografía por Juliane Liebermann

Hebreos 12, 7

Dios nos trata como a hijos; porque ¿qué hijo hay a quien su padre no discipline?

Proverbios 1, 8

El que ama a su hijo, no demora en corregirlo.

En Julio 12 del año 1961, en un hospital en New York, una joven soltera dio a luz a tres niños, después conocidos como los trillizos de Long Island. En ese mismo tiempo, el psiquiatra Dr. Peter Neubauer encabezaba un estudio longitudinal, un siniestro experimento social mediante el cual muchos mellizos o gemelos eran separados al nacer para ser adoptados y ubicados en diferentes hogares, sin que ellos ni los padres adoptivos jamás supieran que los estaban utilizando prácticamente como *conejillos de India*. Los siguieron muy de cerca por años y a través de observaciones y entrevistas, el estudio quería determinar la influencia de la genética versus el ambiente como los causales más determinantes en el desarrollo de la personalidad de los niños. El Dr. Neubauer y sus asociados lograron apoderarse de los trillizos a quienes ubicaron en tres hogares diferentes con padres cuidadosamente seleccionados según sus personalidades y estilos de crianza. Los niños, Bobby, Eddy y David se llegaron a conocer a los 18 años de edad cuando accidentalmente dos de ellos coincidieron en entrar a la misma secundaria, y fueron los amigos de uno de ellos quienes reaccionaron con confusión y emoción. Al tercero lo ubicaron cuando éste respondió a un artículo en un periódico que anunciaba como los primeros dos milagrosamente se habían encontrado.

Al juntarse, estaban maravillados de como coincidían en todos sus gustos y costumbres, aun cuando no se criaron juntos. Formaron una amistad instantánea la cual disfrutaron plenamente por muchos años. Al parecer eran jóvenes sanos y emprendedores quienes también pudieron casarse bien y comenzar sus propias familias. Tristemente, a los 33 años de edad, Eddy, uno de ellos, ¡se quitó la vida! Robert y David, consternados, empezaron a investigar la verdad de sus orígenes hasta descubrir que habían nacido de una madre joven soltera quien había sufrido de un trastorno de personalidad depresiva.

El experimento del Dr. Neubauer había ubicado a los niños en diversos hogares según los estilos de crianza y los rasgos de personalidad de los padrastros: padres cariñosos y consentidores, padres cariñosos y disciplinarios, o padres fuertes, duros e intransigentes. Aún en niños con una genética idéntica, **en quien único llegó a manifestarse el problema mental de la madre biológica,** fue en Eddy: el trillizo quien desarrolló su propia depresión crónica en los últimos años de su corta vida; al que colocaron a vivir con un padrastro militar quien lo disciplinaba con mano fuerte sin demostraciones de cariño.

Este estudio produjo resultados muy reveladores. No se llevó a cabo en un laboratorio sino en la vida real, y confirma lo que en estos tiempos muchos expertos del desarrollo infantil están afirmando: lo insustituible de las relaciones familiares amorosas y diligentes para crear mentes estables y vidas sanas. Indudablemente, los hijos necesitan ser disciplinados. Solo así se corregirán patrones de conducta inapropiados o destructivos. Dejarlos a la deriva, sin acompañamiento ni supervisión, será exponerlos a grandes errores conductuales, de juicio y a daños irreparables. La pregunta es, *¿cuál estilo de disciplina será el más efectivo para aplicar con cada uno de los hijos?*

La reconocida psicóloga Diana Baumrind, especialista en psicología del desarrollo, ha teorizado que existen 3 tipos de Crianza:

1-**Crianza Autoritaria**- escaza en calor humano, y alta en control y autoridad. La "dictadura" de padres verdugos.

2-**Crianza semi-*Autoritativa*-** amor con límites, alta en calor humano y mediana en control; autoridad balanceada con muestras de cariño e interés.

3-**Crianza Permisiva**- mucho calor humano y poco control. Centrada en el hijo y no en los padres, propensa a malcriar, mimar y consentir hasta el extremo.

Resultados de los estilos de crianza

En los capítulos de la Infancia, la Niñez y la Adolescencia afirmamos que en sus tempranas edades los niños necesitan y buscan seguridad, y en los años de la adolescencia buscarán independencia. Los padres tienen que aprender a acompañar cercanamente a sus hijos en sus diferentes etapas, para suministrar los tratos más efectivos, según la edad y las necesidades objetivas. No quiere decir que se escriban reglas diferentes y se exoneren ciertos comportamientos *típicos* de la edad, sino que se confecciones nuevos acuerdos y tratos discernidos, negociados detenidamente, según las necesidades y expresiones que vayan surgiendo. *La disciplina más efectiva es la personalizada por padres conectados emocionalmente a sus hijos, quienes no dejan de amar mientras corrigen, y quienes sabrán establecer* **el orden jerárquico** *en el hogar.* Enseñar a los hijos a reconocer el *orden jerárquico* significa que, aunque se promueva la autoestima, dignidad y autonomía de los hijos, los padres son y serán los guías responsables, quienes llevarán las riendas del hogar; *no los hijos.* Es enseñar obediencia y respeto sin excepción.

Los padres biológicos o cuidadores primarios serán los directamente responsables ante Dios y las autoridades de proveer todo lo necesario para la supervivencia de los hijos. Además, son los asignados a educar y formar mentes sanas y productivas, estimulando sus dones, su inteligencia, creatividad, comunicación y personalidad equilibrada. Los padres son los formadores de las virtudes del respeto, generosidad, bondad, apoyo mutuo, cariño incondicional y sana afectividad. Los padres son también los formadores de la conciencia moral, el sentido del bien y del mal, y quienes deben de llevar a sus hijos a tener fe, conocer su religión y espiritualidad

La crianza efectiva tiene que encontrar balances perfectos y adecuados. Por un lado, si los padres son sobreprotectores al extremo, **consentidores o habilitadores**, criarán hijos exigentes, difíciles de complacer, manipuladores, *antojones*, berrinchudos, chantajistas emocionales, y en casos extremos, adictos al placer y a sustancias peligrosas. Estos hijos irán por la vida esperando siempre que otros les provean lo que quieren, gobernándose bajo la ley del mínimo esfuerzo y máximos resultados.

En el otro extremo, los hijos criados con padres **sumamente autoritarios** viven en hogares donde usualmente el trato y la comunicación se reducen a disgustos, regaños, imposiciones sin explicaciones, culpar y avergonzar, negligencia parental, violencia psicológica o física, y otros estilos agresivos.

¡Pegarles a los hijos es un delito! Pueden llegar a desarrollar nerviosismo, depresión, ansiedad, pánico, déficit de atención, de hiperactividad, crisis existencial, rebeldía, ira, estrés postraumático, trastorno de la oposición desafiante, futuras adicciones y hasta problemas de conducta ilegal. Este estilo de crianza consigue que los niños y adolescentes se sientan incomprendidos, no respetados, emocionalmente abandonados, no amados o despreciados. Estas interpretaciones producen elevados niveles de ansiedad, que a la vez interrumpen el aprendizaje, el enfoque, la creatividad, promoviendo el distanciamiento y hasta enfermedades físicas pues las alteraciones nerviosas comprometen el sistema inmunológico.

También observamos padres **sumamente pasivos**, casi indiferentes, desconectados, incomunicados; los que se conforman con traer el cheque o hacer los pagos. Al ser faltos de autoridad, relegan la disciplina a su pareja, a los maestros, a los educadores religiosos, y eventualmente a los consejeros y psicólogos. A veces son presencias invisibles en la vida de sus hijos quienes no se sentirán inspirados o motivados a seguir sus ejemplos o modelos de vida.

La crianza más efectiva la conseguirán padres con *credibilidad parental*: la credibilidad es la columna dorsal de la autoridad. Son aquellos que se dan a respetar porque también respetan, y dan sanos ejemplos de vida que otros pueden reconocer y modelar; padres que están física y emocionalmente disponibles y asequibles, que dan a conocer claramente los límites bien definidos y rigurosamente implementados, a la vez que poseen obvios lenguajes de cariño e inclusividad, celebrando las virtudes y atributos de sus hijos.

Elementos de disciplina efectiva

La disciplina efectiva se ejerce imparcialmente, observando y corrigiendo todos los comportamientos desde los más sencillos hasta los más significantes, con puntualidad y asertividad. Los hijos tienen que hacer la conexión directa entre la conducta y las consecuencias. No van a llegar a esa conclusión días después reflexionando: deben de conectar los puntos y atar cabos inmediatamente. Esta técnica se aplica para motivar y premiar las buenas conductas como también para modificar las incorrectas.

Todos los comportamientos deben de ser revisados para ir moderando y corrigiendo:

-reglas en la mesa,

-reglas de comportamiento con mayores y menores, saludos y despedidas,

-tratos respetuosos y no-agresivos con hermanitos y padres,

-horarios de estudio,

-horarios de irse a dormir y de despertar,

-horarios de juegos y diversión,

-horarios de salida y llegada,

-participación regulada y medida en las redes sociales,

-rendimiento académico y calificaciones,

-cumplimiento de tareas de colaboración asignadas en el hogar,

-reglas para ordenar sus cuartos, sus juguetes y todo lo que utilizan en sus ambientes,

-lenguajes y maneras de escuchar y contestar durante los diálogos intrafamiliares,

-formas de seleccionar amigos y de maneras de compartir con ellos,

-edad de permiso para estar en noviazgos,

-reglas de aportación económica en el hogar.

El balance entre el premio y el castigo

La psicología humana (y también animal) responde a una dinámica sencilla de interrelación entre el premio y el castigo: lo apropiado se aprende cuando los resultados son positivos, y lo inapropiado o errado no se repite cuando los resultados son lamentables. Muchos padres creen que tienen que mantener a sus hijos siempre distraídos y entretenidos. Esto implica que siempre se sentirán premiados y alagados, aunque no hayan hecho ningún esfuerzo para merecerlo. En las casas siempre hay un televisor prendido, una música sonando o un niño alborotado. Estamos acostumbrándonos a vivir en ambientes ruidosos, nuestros sentidos están saturados, y nuestros nervios sobresaltados. Por eso vemos a más niños hiperactivos y a más adolescentes, adictos al placer. La mente hay que mantenerla *ocupada*, pero no necesariamente *entretenida*. Hay que ocuparla no solo con experiencias agradables, sino también alternar con tareas difíciles, comprometedoras y sacrificadas. Hay que retar la inteligencia y la creatividad como también el sentido de entrega y sacrificio. Hay que enseñarle a los hijos pequeños y grandes, que todo cuesta y se obtiene con sacrificios personales o ajenos. Por lo tanto, hay que ser cuidadoso y agradecido. No se recibirá *nada* tronando los dedos, berrinchando y exigiendo, y no se desplegará la alfombra roja para nadie. Las reglas de disciplina son uniformes y ambos padres las formulan y respetan en común acuerdo, sin llevarse la contraria ni desautorizarse el uno al otro, ni tampoco dejarse chantajear.

Reglas de oro

1- Nunca permitir malas palabras, gestos amenazantes, o todo lo que parezca irrespetuoso y mal intencionado. Cada incidencia deberá ser inmediatamente prohibida o enfrentada con consecuencias de peso. Dejar pasar las malas conductas sin consecuencias debilitará la autoridad parental para reforzar la actitud desafiante de los hijos.

2- Cada desobediencia traerá una reducción de privilegios. La confianza no es gratuita: hay que sabérsela ganar. Cuando vuelvan a demostrar que se les puede confiar otro permiso, se revisitarán las reglas y condiciones.

3- Reconocer en voz alta las buenas conductas y premiarlas balanceadamente. Los diálogos con los hijos no deben de consistir solo en regaños y correcciones sino deben de abundar los halagos y los *aplausos* inmediatamente después de percatar la conducta apropiada.

La crianza exitosa se logrará,

1- Cuando los padres consideren a sus hijos como un gran regalo y bendición en sus vidas, no solo una gran responsabilidad.
2- Cuando los padres aprovechan cada oportunidad para dar enseñanzas claves.
3- Cuando los padres saben distinguir entre lo negociable de lo no-negociable, sin ser desafiados por los hijos. Especialmente con adolescentes quienes van a exigir más libertad, los padres deben de soltar *solo* poco a poco, una pulgada a la vez, negociando condiciones de precaución y evaluando juntos los resultados hasta ver si son merecedores de más libertad.
4- Cuando los padres marquen claramente los límites, y fomenten las oportunidades.

5- Cuando los padres no pierden la paciencia fácilmente, sino que aún ante situaciones frustrantes, sepan hablar con sobriedad y templada firmeza.

6- Cuando los padres son accesibles y sinceros para lograr diálogos frecuentes y reconciliadores, y siempre sacan tiempo para sus hijos aún entre sus múltiples ocupaciones personales o profesionales.

7- Cuando los padres propicien convivencias frecuentes, momentos de oración en familia, y sean los promotores de la unidad familiar no solo con la familia nuclear sino también con parientes y familias de amigos.

8- Cuando los padres reconocen a tiempo algún posible problema de trastorno emocional y solicitan ayuda profesional inmediata sin procrastinar.

9- Cuando los padres sacan el tiempo para explicar *el por qué* de las reglas y consecuencias, en vez de solo imponerlas sin explicaciones lógicas; así enseñarán autocontrol y censura.

10- Cuando los padres muestran coherencia y consistencia moral en sus códigos de vida y conductas, y no se muestran débiles, vulnerables, agobiados, infelices, perdidos o incapaces.

Los padres dedicados y entregados a la tarea parental crean legados irrevocables que servirán como un *mapa de navegación* para marcar la ruta a seguir en la vida de sus hijos. Cuando crezcan y se independicen, aun cuando elaboren sus propias maneras de vivir y de criar a sus propios hijos, consultarán ese manual de sabios consejos y enseñanzas valiosas que reconocerán por sus resultados. Padres, el esfuerzo es constante y hay poco lugar para cometer errores. ¡No se den por vencidos! Un día se sentarán todos a la mesa, se verán saludables y contentos, y se convencerás que valió la pena el esfuerzo.

Capítulo 11
LAS ENSEÑANZAS MÁS VALIOSAS

Fotografía por Alexander Dummers

Deuteronomio 11, 18-21

Pon estas palabras mías en tu corazón y en tu alma, que sean para ti como una señal ligada a tu mano, un signo puesto en medio de tu frente. Enséñaselas a tus hijos. Habla de ellas, sea que estés sentado en tu casa o que vayas de viaje, cuando te acuestas o cuando te levantas; las grabarás en tus puertas y a la entrada de tus ciudades. Entonces tus días y los de tus hijos se prolongarán en la tierra.

¿Quiénes son los maestros de nuestros hijos? ¿A quién escuchan más y a quiénes seguirán? ¿Aprenden más de los programas de televisión, de las redes sociales, de los amigos, o son autodidactas?

Las edades cuando los hijos aprenden más aceleradamente de sus padres y cuidadores primarios son entre los 18 meses y 5 años de edad. Durante las edades entre los 6 y 14 años serán muy receptivos a ser *influenciados* por otros, no necesariamente sus padres, y después de los 15 años de edad, aunque observan y copian mucho del mundo y la sociedad, se creen más autosuficientes e independientes y tratan de no seguir las reglas que otros les quieren sugerir o imponer. Quiere decir que los hijos serán más receptivos a nuestras enseñanzas de vida y códigos morales antes de llegar a los 6 años de edad. Aun así, la labor de los padres de seguir formando a sus hijos es interminable, y en cada etapa se encontrarán con la necesidad de enseñar lecciones apropiadas para cada edad. El legado más importante de los padres será el de haber dejado en sus hijos, mentes y corazones sanos. Así se sentirán armados con dones forrados de propósitos para alcanzar metas y convertir ilusiones en realidades. Así se abrirán camino en la vida pues se sentirán motivados a crecer y capaces de sacrificarse por alcanzar lo que todavía no poseen.

Los mejores maestros serán los que enseñan a otros a aprender de todas las fuentes creíbles de la vida, y los que dan herramientas para *saber dónde buscar* respuestas y encontrar soluciones ante futuras necesidades y posibles problemas. Los profesores de las escuelas y universidades solo son responsables de enseñar materias y proporcionar el aprendizaje profesional; los padres tendrán que enseñarles a sus hijos valores, modales, conductas de socialización y psicología de vida. Los profesores los examinarán en las materias escolares; pero los hijos necesitarán también saber cómo conquistar las pruebas de la vida con sabiduría y fortaleza, lecciones que no se aprenden en salones de clase sino en hogares. Cuando nos convertimos en los maestros y formadores morales de nuestros hijos, ellos nos sentirán invertidos y comprometidos, sacrificando tiempo, recursos y esfuerzos para acompañarlos de cerca sin perderlos de vista.

Enseñanzas que promoverán carácter moral y fortitud social

Padres de familia: necesitamos asegurarnos de que nuestros hijos...

1. Comprendan que nuestro amor y sacrificio son genuinos y que nuestro interés de formarlos *no* es para controlarlos o adoctrinarlos, sino para ayudarles a crecer y prosperar.

2. Comprendan la diferencia entre los amigos que los buscan, que los usan o los abusan, y aquellos que los aman con respeto y no les usurpan de su libertad.

3. Aprendan para algún día sentirse capaces, dignos y autónomos; proveedores de sí mismos, sin tener que depender de nadie.

4. Sepan mostrar amor y cariño sinceramente, a través de palabras, gestos y muestras claras de sana afectividad.

5. Que no le reciban al mundo todos sus mensajes y filosofías de vida, sin antes filtrarlas por el discernimiento de la fe, las costumbres morales, las virtudes de todos los tiempos, y los consejos parentales.
6. Que no olviden que las credenciales de un ser humano no son su nivel de educación, rango social o cantidad de bienes, sino en su coherencia moral y sana, y en sus frutos de vida que benefician a muchos.
7. Que vivan sus vidas con dignidad, con propósito, sin prisa, pero sin desperdiciar etapas, y que valoren a cada ser humano con intensidad.
8. Que sean benefactores y nunca usurpadores, y que compartan con caridad y generosidad con los que más les necesitarán con genuino sentido de hermandad.
9. Que aprecien lo ordinario para que lo sientan extraordinario, y agradezcan las pinceladas, los detalles y las pequeñas porciones que van

llenando la gran canasta de tesoros personales.

10. Que no renuncien antes del final; la vida necesita más tiempo para armar las conclusiones posibles o satisfactorias. Con paciencia verán crecer todo lo que comenzó pequeño y con prudencia lo sabrán administrar.

¿Saben nuestros hijos cuál es la diferencia?

- Entre lo costoso y lo valioso
- Entre la venganza y la justicia
- Entre la pasión y el amor verdadero
- Entre la codependencia y la verdadera necesidad
- Entre usar o abusar versus respetar y reciprocar
- Entre la prepotencia y la verdadera autoridad
- Entre la astucia y la sabiduría
- Entre el prejuicio y el sano juicio con discernimiento

- Entre ser rico de bienes y desfalcado de dignidad, y ser pobre pero respetado y admirado por su credibilidad
- Entre la ilusión y el compromiso verdadero
- Entre la cobardía y la precaución
- Entre el aprendizaje y la capacidad
- Entre lo posible y lo realista
- Entre la humillación y la humildad
- Entre el yugo pesado y la carga llevadera
- Entre la mentira y lo que tiene apariencia de verdad
- Entre el libertinaje y la libertad.

Muchos problemas en la vida son generados por falsas expectativas, desilusiones, falta de verdadero compromiso e irresponsabilidad. Para evitarle a los hijos duras experiencias de fracasos a nivel educacional, profesional, social o sentimental, ellos tienen que entrenarse en los campos de batalla vivenciales donde se practica el respeto, la renuncia, el control, la compasión, la incondicionalidad y la reciprocidad. El primer hogar es el campo de entrenamiento, con los padres asumiendo el papel de entrenadores de vida. Los cursos serán: el esmero, el amor al prójimo y a los integrantes de la familia, la dignidad del trabajo, el agradecimiento a las aportaciones ajenas, la ley de la siembra y la cosecha, y la custodia de todo aquello que, si se pierde, no se podrá recuperar.

Padres, es hora de sentarnos con nuestros hijos y repasar las lecciones y las tareas. Evaluemos nuestro trabajo. ¿Quiénes pasan o quiénes fracasan? ¿Los maestros o los alumnos? Padres, no lancen a sus hijos a la vida desprevenidos, desarmados y desventajados. Vístanlos con cobertura de sabiduría con humildad, y ambición con generosidad. Solo así, el día que los padres falten, ellos vivirán siempre agradecidos y no los defraudarán. No solo se lleva el apellido sino la identidad y la legitimidad.

Proverbios 17, 6

Corona de los ancianos son los hijos de los hijos, y la gloria de los hijos son sus padres.

Fotografía de Church of the King

Capítulo 12- Conclusión
LA IMPORTANCIA DE ENSEÑARLES A LOS HIJOS LA FE

Fotografía por Ben White

Eclesiastés 4, 12
Si alguno prevaleciere contra uno, dos le resistirán; porque cordón de tres dobleces no se romperá.

La familia constituye, simbólica y proféticamente, esa trinidad humana de dos seres unidos en un lazo inquebrantable a Dios ante la sociedad. El amor entre los esposos, el amor hacia los hijos, y el amor a Dios, forman un *cordón de tres dobleces* que no será fácil de romper. Cuando una familia tiene bases de fe, personifica la parábola de Jesús en *Mateo 7, 21-29:*

"Todo el que escucha las palabras que acabo de decir y las pone en práctica puede compararse a un hombre sensato que edificó su casa sobre roca. Cayeron las lluvias, se precipitaron los torrentes, soplaron los vientos y sacudieron la casa; pero ésta no se derrumbó, porque estaba construida sobre roca. Al contrario, el que escucha mis palabras y no las practica puede compararse a un hombre insensato, que edificó su casa sobre arena. Cayeron las lluvias, se precipitaron los torrentes, soplaron los vientos y sacudieron la casa: ésta se derrumbó, y su ruina fue grande".

¿Cuál es la familia ideal? Hoy día se nos presentan tantos formatos diferentes: familias intactas, familias separadas, familias mixtas, madres solteras criando a sus hijos, padres adoptivos, custodias temporeras, padrastros, madrastras, medios hermanos, abuelos, ¡todos son familia! Todos los esfuerzos de amor son válidos. A pesar de los errores humanos que los adultos podamos haber cometido, todavía estamos a tiempo de ofrecerles a los hijos lo mejor que podamos hacer de aquí en adelante. Llegar al final de la vida sin remordimientos debe ser ganancia.

2 Timoteo 4, 6:

"He peleado la buena batalla, he terminado la carrera, he guardado la fe. En el futuro me está reservada la corona de justicia que el Señor, el Justo Juez, me entregará en aquel día".

Si desatendemos a los hijos, o si los perjudicamos, la vida nos pasará la cuenta, y va a ser muy cara: lágrimas de sangre o lamentos interminables. No hay nada más doloroso que tener hijos perdidos, sufridos, esclavizados a los vicios, en cárceles reales o de dolor. Los padres que cuentan estas historias viven agonías muy reales, dignas de compasión. A la vez, no hay nada que se le compare a la satisfacción sobrehumana que se siente al ver a los hijos sanos, motivados, prósperos, lúcidos, exitosos y felices.

Hagamos el inventario más apremiante de la vida:

1. ¿Es mi hogar el oasis de paz, la escuela de valores, y *capilla* donde se siente la presencia de Dios?
2. ¿Estamos capacitando a nuestros hijos con las mejores herramientas para enfrentar lo impredecible de la vida con valentía y serenidad?
3. ¿Podrán defenderse nuestros hijos de los enemigos reales, de las filosofías de vida destructivas y deformadas, de los adoctrinamientos y seducciones sociales, morales y políticas que les invaden constantemente?
4. ¿Sabrán protegerse de los depredadores de la virtud y de la paz?
5. ¿Heredarán nuestros mejores atributos, o nuestros peores defectos?
6. ¿Estamos solo criando, o estamos formando consciencias?
7. ¿Estarán listos para formar sus propias familias?

Si hay un hilo en común a través de todas estas páginas es la importancia de hacer sentir a los hijos amados, deseados, respetados y relevantes, en un hogar donde se conoce y respeta el *orden jerárquico* encabezado por los padres, que asegurará la disciplina efectiva y la crianza óptima. El querer lo mejor para nuestros hijos no significa automáticamente el tratar de proveerles todo en todo momento, pues es importante también enseñarles a sobrevivir limitaciones con dignidad, a luchar por sus ilusiones con valentía, para custodiar las ganancias con sabiduría y fidelidad.

Además de los valores humanos, las costumbres y virtudes que no deben de faltar, la tercera parte del *hilo de tres dobleces* no debería de faltar: enseñarles a los hijos el valor de la fe.

¿Por qué es tan importante enseñarles a los hijos Fe?

Lisa Miller, PhD, profesora de psicoterapia y espiritualidad en la Universidad de Columbia asegura que tener una base espiritual puede ayudar a los niños a sobrellevar crisis, resistir a la presión de otros niños y evitar influencias negativas tales como drogas y alcohol. De acuerdo con la Dra. Miller, estudios han demostrado que una relación con Dios será "el elemento más protector de los niños".

Varios estudios interdisciplinarios de ciencia y religión han mostrado también la gran aportación de la fe a la vida para:

- Combatir la crisis existencial o deseo de morir, pensamientos e intentos suicidas,
- Modificar y transformar conductas destructivas como violencia y adicciones,
- Ayudar a la estabilidad de los matrimonios,
- Crear resiliencia ante las pruebas y la enfermedad,

- Sentir consuelo, hermandad y atención personalizada de parte de Dios y la comunidad,
- Contribuir hasta un 40% más en la sanación de condiciones físicas y de perturbaciones emocionales y psicológicas como la depresión y la ansiedad,
- Añadir propósito, significado y dignidad a cada vida, a cualquier edad.
- Inspirar y movilizar proyectos humanitarios y solidarios con personas y comunidades en necesidad.

La religión no es solo para prepararnos para morir, sino también para enseñarnos a vivir. La fe también nos ayuda:

- A encontrar propósitos nuevos a las luchas y sufrimientos que antes nos parecían estériles o inútiles.
- A desarmar la violencia con dones de sabiduría, diálogos reconciliadores y posturas misericordiosas.

- A reconocer la supremacía de la verdad sobre la mentira, el fraude, el engaño y la mediocridad.
- A reconocer en cada vecino a un hermano hacia quien debemos de responder con generosidad, sinceridad y fidelidad.
- A desmantelar el mal y exponer todo lo que tiene apariencia de bueno; engaños camuflados de virtud.
- A reorganizar la cultura, el estatus social, el sentido de privilegios, y las prioridades de la vida bajo sistemas compasivos, honestos y reales donde la prepotencia no sustituye la verdadera autoridad.
- A añadirle a la humanidad códigos y credos de vida que priorizan la justicia, la reciprocidad, la igualdad, y la conducta moral.

La fe y la religión no deben de faltar en un hogar. No solamente serán para la ayuda de los hijos sino también dan grandes esperanzas a los padres en esta ardua tarea de crianza y formación:

- *Isaías 65,23 No trabajarán inútilmente ni tendrán hijos para perderlos, pues ellos y sus descendientes serán una raza bendita de Yahvé.*

- *Isaías 54,13 Todos tus hijos serán instruidos por Yahvé, y grande será la felicidad de tu casa.*

- *Hechos 2,39 Porque el don de Dios es para ustedes y para sus hijos.*

- *Isaías 44,3-4 Derramaré agua sobre el suelo sediento y los riachuelos correrán en la tierra seca. Derramaré mi espíritu sobre tu raza y mi bendición cubrirá tus descendientes. Crecerán como hierba regada, como sauces a orillas de los ríos.*

En estos tiempos vivimos entre gente irreverente a la fe, quienes también se burlan y difaman a creyentes desmintiendo y ridiculizando sus creencias. Los hijos tendrán que saber defenderse y protegerse de estas actitudes anti religiosas sobre todo cuando son potenciadas por elementos políticos y sociales militantes con agendas de adoctrinamiento social antimoral. La oración en nuestros hogares no debe de faltar, como tampoco la constancia y ejemplo inspirador de los padres encabezando la campaña evangelizadora de los miembros de la familia.

Dios quiere ser entronado no solo en altares sino también en los corazones de los hogares para hacer de los padres, sacerdotes espirituales de sus familias. La Biblia está llena de consejos, enseñanzas e historias de cuadros familiares. En los evangelios apreciamos el protagonismo de jóvenes y niños en algunas de las historias y parábolas, que si las actualizamos, podemos aprender valiosas enseñanzas aún para nuestros tiempos. El joven rico *(Lucas 18, 18-30)*, el hijo pródigo *(Lucas 15, 11-32)*, los dos hijos de la viña *(Mateo 21, 28-32)*, entre otros momentos, nos hablan de cuestionamientos personales, decisiones trascendentales y consecuentes de hijos ante sus carencias y búsquedas, y las consecuencias enfrentadas cuando las decisiones son contradictorias a la responsabilidad moral.

Mateo 19, 14 nos presenta el cuadro icónico de Jesús con niños en su regazo: *"Dejad que los niños vengan a mí y no se los impidan"*. En todas nuestras oraciones debemos de ubicar espiritualmente a nuestros hijos en el regazo del Padre para que ningún obstáculo, desavenencia, prueba o enemigo les impidan llegar a Dios en momentos de necesidad. En *Mateo 15, 21-28* nos identificamos con el clamor de una madre, una mujer siro-fenicia quien fue tras el maestro con un grito desgarrador: *"Jesús hijo de David, ten compasión de mí porque mi hija está enferma. Mujer, vete en paz pues tu hija quedó sanada"*. En *Juan 4, 43-54* fue el turno de un padre clamando por un hijo en el pasaje bíblico de la sanación del hijo del capitán pues los papás también, no solo las madres, tienen acceso a la misericordia de Dios para sus hijos, y deben de llegar a los altares para solicitarla. En *Marcos 5, 21-43* encontramos una de las historias más enternecedoras cuando Jesús entra a casa de Jairo para levantar del lecho de muerte a una niña a quien todos ya creían muerta, pero para Jesús solo estaba dormida. ¡En las casas de creyentes no hay hijos muertos sino dormidos, y el Señor llegará a despertarlos!

Uno de los evangelios más impactantes es el de *Lucas 7, 11-17*: la resurrección del único hijo de la Viuda de la aldea de Naím. Esta mujer representa a tantas otras madres quienes se encuentran impotentes y desarmadas ante los enemigos reales de la vida que se quieren llevar a sus hijos a esclavitudes de adicciones y ataduras de destrucción. A unos minutos de ser enterrado el joven, Jesús llega a Naím, interrumpe la caravana fúnebre, se acerca al joven difunto y le dice: *"Joven te ordeno que te levantes"*. El Joven se levantó y el Señor se lo entregó a la madre con vida. Madres angustiadas, ¡oren por sus hijos con estos evangelios y promesas de Dios!

No nos desesperemos. Si creemos veremos la mano del Señor actuar y la gloria de Dios brillar. El es un Dios de pactos y de alianzas, fiel en justicia y misericordia. Contemos con el poder soberano de la fe para mover montañas y encontrar soluciones, caminos y alternativas nuevas. Comprometámonos con nuestra parte del pacto y compromiso pues Dios ayuda a quienes se ayudan, y honrará todos nuestros esfuerzos. Por más difíciles que sean las medidas nuevas, los cambios y las resoluciones, más difícil será vivir después si no hacemos nada al respecto.

Es mi oración y deseo que más que no solo *anhelemos*, sino más bien, *logremos* todos tener HIJOS SANOS.

Martha Reyes　　　*Salmo 103, 17-18*

Pero el amor del Señor es eterno y siempre está con los que le temen; su justicia está con los hijos de sus hijos, con los que cumplen su pacto y se acuerdan de sus preceptos para ponerlos por obra.

Fotografía por Jonathan Borba

Oraciones

Fotografía por John Mark Smith

Oración por la Familia (mreyes)

Mi Dios Señor Jesús, en este día, abro mi corazón a ti, primeramente,

Para agradecerte por la inmensidad de Tus bondades, por tus incontables regalos de gracia y de misericordia; por el regalo de la fe., la fe que recibí desde mi infancia y que ha madurado con los años de vida que me has prestado aquí en la tierra.

La fe que me has brindado me ha sostenido durante los momentos de pruebas más difíciles, sobre todo cuando pensaba que las fuerzas humanas no rendirían más. Te doy gracias por prosperar mi vida y mi trabajo, mis proyectos, mis anhelos; las bendiciones que me has regalado del cielo y las que he cosechado con mis sacrificios aquí en la tierra.

Ahora te pido, Señor Jesús, por tu infinita misericordia, que me concedas el deseo más ferviente de mi corazón: la sanación de mi hogar, mi matrimonio, mis hijos, los hijos de mis hijos, mi legado físico y espiritual.

Atiende las necesidades de mi casa, sana a mis enfermos y a mis heridos, desata a los atados por el dolor, la enfermedad, las injusticias, los vicios, las carencias, la pobreza, la violencia, la infidelidad, el desamor, el abandono, la soledad, la iniquidad, las dolencias físicas, emocionales, mentales y psicológicas;

Sana a mis enfermos, libera a mis atados, guía hacia caminos seguros a los de mi casa que necesitan consuelo, consejo, dirección; apiádate de los que necesitan perdón y reconciliación; sana los desacuerdos, las incomprensiones, las divisiones; congréganos siempre en la mesa del pan, la paz y la alegría, y consolida nuestras alianzas, para que siempre seamos una familia unida, compartiendo los mismos sentidos de fe, esperanza y amor.

Únenos con lazos inquebrantables, y acércanos cada vez más al manantial de Tus misericordias. Que las puertas de nuestra casa y de nuestros corazones permanezcan siempre abiertas para el pobre, el indigente, el necesitado, para que así las puertas de Tu casa siempre estén abiertas para todos los míos en sus momentos de clamor, de invocación, y de urgente necesidad.

Entrónate en nuestro medio, y recíbenos en Tu seno celestial, para que ninguno de los míos se pierda, y que todos algún día nos volvamos a reunir para juntos celebrar y agradecer Tus regalos de amor y salvación.

A Ti sea siempre la gloria,

Amén

Oración de Liberación de Ataduras, Vicios y Adicciones

(mreyes)

SEÑOR JESÚS.

LIBERADOR DE CAUTIVOS, ME UNO A LAS CORTES CELESTIALES Y A LA COMUNIÓN DE LOS SANTOS,

AL PODER INTERCESOR DE TU IGLESIA ARMADA DE DONES Y CARISMAS DE ORACIÓN,

PROCLAMO EL PODER DE TU NOMBRE,

DE TU SANGRE PRECIOSA Y PODEROSA

PARA PEDIRTE UNA TOTAL LIBERACIÓN FÍSICA

DE TODA ATADURA DE DOLOR, ENFERMEDAD, VICIO, VULNERABILIDAD, HERENCIA;

UNA TOTAL LIBERACIÓN EMOCIONAL Y MENTAL

DE RAÍCES DE DOLOR, AMARGURA, SENTIDOS DE RECHAZO, ABANDONO, PÉRDIDAS, FRACASOS;

UNA TOTAL LIBERACIÓN DE CADENAS, ESCLAVITUDES, TRAUMAS, MARCAS CONSCIENTES E INCONSCIENTES, QUE ME LIMITAN,

ME DEBILITAN, ME ENGAÑAN Y SABOTEAN,

ME ESTORBAN Y ME ROBAN DE TU PAZ, ALEGRÍA

Y SENTIDO DE VICTORIA.

RESTÁURAME A UNA COMPLETA SALUD FÍSICA, EMOCIONAL Y PSICOLÓGICA.

ABRE DELANTE DE MÍ UN NUEVO CAMINO DESPEJADO Y LIMPIO,

Y DERRAMA SOBRE MI MENTE, MI CUERPO

Y MI ESPÍRITU, UN NUEVO BAUTISMO DE PAZ, SABIDURÍA ESPIRITUAL, Y HAMBRE DE LIBERTAD.

ENVÍA ÁNGELES QUE PROTEJAN MI NUEVO DESTINO Y ASEGÚRA EN MÍ UNA VIDA NUEVA,

CON UNA DIGNIDAD SANADA, UNA MENTE CLARA, UN CONOCIMIENTO PLENO, Y UNA FE INDESTRUCTIBLE.

TE LO PIDO JESÚS PUES TUYO ES EL REINO,

EL PODER Y LA GLORIA POR SIEMPRE,

ORACIÓN DE SANACIÓN DE LA TRISTEZA, AMARGURA Y HERIDAS DEL PASADO

(mreyes)

PADRE ETERNO Y MISERICORDIOSO

JESÚS FUENTE DE VIDA Y SANADOR DE CORAZONES ABATIDOS

ESPÍRITU SANTO CONSOLADOR Y FUENTE DE NUEVAS ALEGRÍAS.

HOY LLEGUÉ POSTRADO(A) ANTE TU PRESENCIA

Y TE PIDO CAMINAR LEVANTADO(A), LIBERAD(O)A Y FORTALECIDO(A) POR EL TOQUE DE TU INFINITA MISERICORDIA.

PRIMERO QUIERO DARTE LAS GRACIAS POR LAS COSAS HERMOSAS QUE HE VIVIDO PUES SÉ QUE LA ALEGRÍA TAMBIÉN HA BENDECIDO MI VIDA.

TE PIDO PERDÓN POR LAS VECES QUE NO AGRADECÍ LAS MUCHAS BENDICIONES Y ALEGRÍAS PASADAS QUE SÍ LE REGALASTE A MI VIDA.

- **TAMBIÉN TE DOY GRACIAS POR LAS PRUEBAS DIFÍCILES, AÚN POR LA TRISTEZA Y LA DEPRESIÓN, PUES DE TODAS ESTAS EXPERIENCIAS DE DOLOR, TÚ PUEDES SACAR BENDICIONES, ENSEÑANZAS Y REFLEXIONES NUEVAS.**

HOY ME ACERCO A TU CORAZÓN INFINITAMENTE COMPASIVO Y MISERICORDIOSO PARA PEDIRTE QUE SANES TODO DOLOR DESTRUCTIVO QUE ME DESANIMA, DEBILITA, DESALIENTA; TODO DOLOR INMERECIDO QUE ME ROBA FUERZAS Y FÉ.

SANA EN MÍ TODO RECUERDO DE MI PASADO, DE MI NIÑEZ, ADOLESCENCIA, O RAÍZ DE AMARGURA QUE ME ROBA DE TU PAZ Y DE TU CONSUELO.

TE PIDO TAMBIÉN QUE ROMPAS Y DESATES TODA HERENCIA DE DEPRESIÓN O ANSIEDAD...O TODO APRENDIZAJE QUE ADQUIRÍ EN MI HOGAR.

Y CON LA FUERZA DEL PODER DE LA RESURRECCIÓN, SÁCAME DE MI TUMBA DE DOLOR Y SOLEDAD, ROMPE LAS CADENAS DE MIS IMPOSIBILIDADES Y ABATIMIENTOS, SECA LAS LÁGRIMAS DE TRISTEZA DE MIS OJOS Y DE MI ALMA, LÍBERAME DE MI CAUTIVERIO.

ENCIENDE LA LUZ EN LOS LUGARES OSCUROS DE MI CORAZÓN

CONVIERTE MIS DEBILIDADES EN FORTALEZAS

MIS INCERTIDUMBRES Y MIEDOS EN FE

Y ENSEÑAME A CAMINAR DE TU MANO FIRME Y FIELMENTE

HASTA ALCANZAR A VIVIR LAS NUEVAS HISTORIAS DE AMOR Y CAMINAR POR LOS LUGARES PROMETIDOS DE VIDA NUEVA, VICTORIA, Y LIBERACIÓN.

RE-ENCIENDE EN MÍ LA LLAMA DE LA VIDA PARA QUE NO SE EXTINGA JAMÁS.

- TAMBIÉN TE DOY GRACIAS POR LAS PRUEBAS DIFÍCILES, AÚN POR LA TRISTEZA Y LA DEPRESIÓN, PUES DE TODAS ESTAS EXPERIENCIAS DE DOLOR, TÚ PUEDES SACAR BENDICIONES, ENSEÑANZAS Y REFLEXIONES NUEVAS.

HOY ME ACERCO A TU CORAZÓN INFINITAMENTE COMPASIVO Y MISERICORDIOSO PARA PEDIRTE QUE SANES TODO DOLOR DESTRUCTIVO QUE ME DESANIMA, DEBILITA, DESALIENTA; TODO DOLOR INMERECIDO QUE ME ROBA FUERZAS Y FÉ.

SANA EN MÍ TODO RECUERDO DE MI PASADO, DE MI NIÑEZ, ADOLESCENCIA, O RAÍZ DE AMARGURA QUE ME ROBA DE TU PAZ Y DE TU CONSUELO.

TE PIDO TAMBIÉN QUE ROMPAS Y DESATES TODA HERENCIA DE DEPRESIÓN O ANSIEDAD...O TODO APRENDIZAJE QUE ADQUIRÍ EN MI HOGAR.

Y CON LA FUERZA DEL PODER DE LA RESURRECCIÓN, SÁCAME DE MI TUMBA DE DOLOR Y SOLEDAD, ROMPE LAS CADENAS DE MIS IMPOSIBILIDADES Y ABATIMIENTOS, SECA LAS LÁGRIMAS DE TRISTEZA DE MIS OJOS Y DE MI ALMA, LÍBERAME DE MI CAUTIVERIO.

ENCIENDE LA LUZ EN LOS LUGARES OSCUROS DE MI CORAZÓN

CONVIERTE MIS DEBILIDADES EN FORTALEZAS

MIS INCERTIDUMBRES Y MIEDOS EN FE

Y ENSEÑAME A CAMINAR DE TU MANO FIRME Y FIELMENTE

HASTA ALCANZAR A VIVIR LAS NUEVAS HISTORIAS DE AMOR Y CAMINAR POR LOS LUGARES PROMETIDOS DE VIDA NUEVA, VICTORIA, Y LIBERACIÓN.

RE-ENCIENDE EN MÍ LA LLAMA DE LA VIDA PARA QUE NO SE EXTINGA JAMÁS.

INFUNDE EN MÍ UN NUEVO BAUTISMO DE GOZO E IRRECONOCIBLE PAZ,

LEVANTA MIS BRAZOS CAÍDOS Y FORTALECE MIS PASOS EN TODO CAMINAR

TRANSFORMA MI LLANTO EN ALABANZA Y MI DUELO EN FIESTA DE FELICIDAD.

Y AL SALIR DE ESTE MISTERIOSO CAMINO DE DOLOR, TE PROMETO SEGUIRTE POR NUEVOS CAMINOS DE AMOR, FE Y VICTORIA,

Y ME COMPROMETO EN PREDICAR Y LLEVARLE A OTROS CORAZONES ENTRISTEZIDOS TU MENSAJE DE GOZO Y AMOR.

LEVANTA A TU HIJO(A) CAÍDO(A) SEÑOR Y CONVIÉRTELO(A) EN TU SIERVO(A) UNGIDO(A).

ETERNAMENTE ESTARÉ AGRADECIDO(A) DE TUS BONDADES Y TESTIFICARÉ TUS GENEROSIDADES TODOS LOS DÍAS DE MI VIDA. AMÉN